現場のプロが教える

即戦力をつくる 広報PR の教科書

Public Relations to
Create Immediate Impacts

いま実務で求められている
多様な知識・戦略・
ノウハウが
1冊ですべてわかる！

上岡 正明

フロンティアコンサルティング
代表取締役
放送作家・脚本家

▍ はじめに

　広報PRといえば、ひと昔前までは企業内コミュニケーションのために社内報を制作したり、新商品・新サービスのプレスリリースをつくったり、記者クラブ対応を行ったり、メディアとの連絡や露出の費用対効果をリサーチしたり……というのが主な仕事でした。これらの仕事はある意味では職人的で、特殊な業務ではありましたが、一度コツを覚えてしまえばあとはそれなりにこなせる"作業"でもありました。

　しかし、**この数年で広報PRを取り巻く環境は一変しました**。驚くほどの進化と変化を遂げています。いまやこれらの"作業"を行うだけでは、広報PR部門として成果を出し、企業の成長に貢献していると言うことは難しくなっています。経営陣も、それだけでは満足しないでしょう。

　これらはもはや特殊な職人的業務ではなく、広報PRが提供する多様なサービスコンテンツのひとつにすぎなくなったのです。

　本書では、広報PRという仕事の最新動向や、時代の変化に合わせて激変した役割などを、ポイントを押さえてわかりやすく紹介していきます。

　これから広報PRの担当者として活躍していこうとする新社会人が読めば、今後数年の行動指針にできるでしょうし、すでに何年もこの仕事をしている経験者の読者が読んでも、新たなスキルアップや戦略立案、PRネタのヒントなどにしてもらえるはずです。

　ほかにも、本書の読者のなかには経営者や店舗オーナー、マーケター、広告代理店やPR会社のコンサルタント、広報職を目指す学生など、さまざまな職種や立場の方がいるでしょう。みなさんはそれぞれに特有の課題を抱え、その解決策の手がかりを探して、本書を手にとられたのではないでしょうか。その課題とは、たとえば以下のようなものでしょう。

＊広報PRの基本や考え方をしっかり理解して、正しく活用したい

＊実践的な広報戦略やPR戦略を学びたい

＊自社のマーケティングの現状をもっと改善していきたい

＊ブランディングの可能性を広げたい

＊競合との差別化を図りたい

＊自社のオンリーワン性を高めたい

＊多様なプロモーションの打ち手を比較・検証したい

＊広報部門の育成・成長・進化を図りたい

＊自社のビジネス領域を拡大したい

＊既存の強みや専門能力とは異なる、新しい付加価値を身につけたい

＊経営やデジタルマーケティングと連携した最先端の広報PR戦略を自
　社に取り入れたい

　本書には、これらの課題すべてを解決できるだけのノウハウを詰め込ん
だつもりです。同時に、私が行っている広報PRコンサルティングの現場
で接してきた成功／失敗事例や、具体的な方法論、フレームワークなど
もふんだんに盛り込みました。これからの広報PR業務では必須となるSNS
や動画の活用法、経営／マーケティングとの統合など、売上や顧客の創
造にさらに一歩踏み込んだ最先端の実践論も織り交ぜています。

　正直、基本的な広報PRの課題解決手法とプロジェクト運営スキルなら
ば、この一冊でおおよそ身につくのではないかと思っています。

　ぜひ常に手に届くところにこの本を置いてください。本書で紹介してい
るノウハウや考え方をうまく活用していただければ、10倍、100倍のリター
ンを御社に、あるいはあなた自身に生み出すことを保証します。

2021年1月　吉日

　　　　　株式会社フロンティアコンサルティング 代表取締役　上岡 正明

目　次

第4章 より効果的なプレスリリースの書き方

第**5**章 メディアの種類とそれぞれの攻略法

広報PR実例インタビュー②

第**6**章 【上級編】広報 PR の発展＆応用ワザ

| ブックデザイン 山田知子（チコルズ）
| 編集担当 菅沼真弘（すばる舎）

第 1 章

広報PRの基本

そもそも広報PRとは何か?

　モノや情報があふれる現代では、商品の魅力をメディアやクチコミを通じて消費者に知ってもらうため、"従来とは異なる情報戦略"、いわゆる「広報PR」によってメディアに発信していくことが、非常に重要であると言われます。

　事実、企業による広報PR活動が起点となって、SNSやコミュニティ上で人から人へと情報が伝達していく**情報連鎖**がたびたび発生するのを、みなさんも日常的に目にしているのではないでしょうか。そうした情報連鎖を意図的に仕掛けていく手法を「**戦略PRマーケティング**」と呼ぶこともあります。

　こうした視点を踏まえ、**企業がメディアや消費者との接点を創出し、戦略的に情報を開発（クリエイティブ）していくのが広報PRの仕事**です。しかし意外と「じゃあ、広報PRの担当者って具体的には何をしているの?」「そもそもPRってどういう意味?」「広報と広告って、同じことじゃないの?」などと聞かれると、正確には答えられない人が多いのではないでしょうか。

　まずは広報PRに関する基本的なポイントを理解しておきましょう。

広報PRの活動領域はどこまで?

　教科書的な定義を押さえておきます。

　「広報PR」という言葉は、そもそも「広報」という日本語と、「PR」とい

う英語を合成した日本独自の用語です。

　このうち「広報」の意味を辞書で引くと、「一般に広く知らせること。その知らせ」(広辞苑)、「官公庁・企業・各種団体などが、施策や業務内容などを広く一般の人に知らせること。また、その知らせ」(デジタル大辞泉)などとされています。

　一方の「PR」は当然ながら外来語で、英語の「Public Relations (パブリッククリレーションズ)」の略です。直訳すると、**「社会との関係構築」**となります。企業／個人やその商品について、ただ単に広く知らせるだけでなく、次のようなよりポジティブな目的を達成するための活動全般を指す言葉だとされます。

　　＊社会の人々にその企業／個人や商品を理解してもらうこと
　　＊企業／個人や商品と顧客とのあいだに、信頼関係を築いてもらうこと
　　＊それらに対してよりよい印象を持ってもらうこと (最終的にはファンに
　　　なってもらうこと)
　　＊購買や紹介に積極的につなげていくこと

　当初、日本企業の広報部では上述した辞書的な意味での「広報」のみを行ってきました。しかしその後、「購買や紹介に積極的につなげてもらう」マーケティングの要素や、「企業／個人や商品と顧客とのあいだに、信頼関係を築いてもらう」ブランディングの要素を含む、欧米型のPR業務を次第に取り入れ、業務内容を変化させてきました。

　結果として、多少意味が似通ってはいるものの、ふたつの言葉を合成した「広報PR」という日本独自の言葉が生まれたのです。

　従来の「広く知らせる」広報だけに留まらず、マーケティングやブランディングを含めたPRも担当する業務のこと、という理解でいいでしょう (次ページ図参照)。そのため、基本的には「PR」だけでも同じ意味になります。

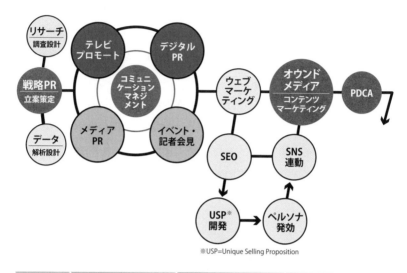

※USP=Unique Selling Proposition

| 戦略企画 | PRコンサルティング | PRマーケティング | 情報拡散 | 分析検証 |

広報PRと広告・宣伝は全然違う

広報PRは、しばしば「広告」や「宣伝」と混同されます。

どちらも"自社の商品やサービスを知ってもらうための企業の活動"という意味では共通しているのですが、大きな違いもあります。代表的な違いについて、いくつか指摘しておきましょう。

社外の誰と仕事をするかが異なる

広報PRと広告・宣伝とでは、担当者が仕事でつき合う社外の相手がそもそも違います。

広告や宣伝では、自社の担当者はマスメディアの広告局や広告代理店の営業パーソンを主に相手にします。関係性としては、広告宣伝費というお金

を出す企業側が顧客であり、企業がメディアの広告枠を購入するという販売者と消費者の関係です。そのためどちらかと言えば顧客である企業側のほうが立場が強く、無理も言いやすい関係になっています。

　一方の**広報PRでは、自社の担当者は新聞の報道記者、雑誌の編集者、テレビの場合ならディレクターや放送作家などを相手にします。**

　お金の支払いは基本的に介在しないため、販売者と顧客という関係性は存在せず、双方がよりよいコンテンツを世のなかに届けるため、協力し合う体制づくりに努めています。広報PRでは、企業とメディアとが対等な関係になりやすく、互いにWIN-WINなパートナーとして存在しやすい、とも言えるでしょう。

　ただし、大きな影響力を持っているメディアに自社の情報を露出させようとするときには、メディア側のほうがどの情報を採用するかの決定権を持っていますから、メディア側の立場が強く、企業側の立場は弱くなる傾向があることは認識しておいたほうがいいでしょう。

メディア露出までのルートが違う

　露出させたい情報が実際にメディアに掲載されるまでのプロセスも大きく異なります。

　繰り返しとなりますが、広告・宣伝では原則として企業側がお金を支払い、メディア側があらかじめ用意している広告枠を購入します。当然、お金を出すなら口も出すということで、企業側には広告主としての発言力があります。宣伝文句や表現方法、掲載する情報の内容、露出のタイミングなどについて、企業側はある程度のコントロールができます。

　一方、広報PRではプレスリリースを配布したり（→第4章）、意図的なリークを行ったり（→第6章）、メディア懇談会を行ってメディア関係者に情報提供したりすることで（→第6章）、取材やメディアでの記事掲載を呼び込みます。**お金の代わりに情報を提供し、メディアでの露出を勝ち取るイ**

メージです。

　そのため広報PRでは、どの情報が、いつ、どのようにメディアに露出するのかを、企業側はコントロールできません。

なんのために情報を露出させるのか、目的も異なる

　広告・宣伝と広報PRでは最終的な目的も異なります。

　宣伝や広告では、最終的な目的はとにかく自社商品の認知を拡大し、商品の販売促進につなげることです。

　たとえば化粧品やビール飲料、清涼飲料水や乗用車などのBtoCビジネスの大手企業では、商品の発表直後から大量の予算を投下して、テレビCMや新聞広告、交通広告などを網羅的に、大々的に実施することがよくあります。これは「メディアジャック」という広告・宣伝分野の手法で、短期間にさまざま媒体で広く情報を流すことで、日本中でその商品への認知を一気に向上させるというものです（もちろん莫大な費用がかかります）。結果として、その商品の売上は大きく引き上げられます。

　一方の広報PRでも、**最終的な目的に商品の販売促進が含まれているのは変わりません。**しかし広報PRにおいては、それは目的の一部にすぎません。**自社のブランド力のアップや、ステークホルダー（利害関係者）との関係性維持、あるいは自社商品のファンや自社に関するネット上でのバズを増やす**といったことも重要な目的となっています。

　さらには広報PR活動を行うと、自社のよい面も悪い面も外部の目線で客観視できるようになります。また社会的信用度が高まることで販売代理店などのパートナー企業が増えたり、採用力が高まったりもします。こうしたことも広く最終的な目的に含まれています。

　私の会社では、こうした広報PR活動を企業から請け負っています。あるクライアント企業では、日本経済新聞の記事で取り上げてもらったあと、東京都から奨励賞を受け、ベンチャーキャピタル数社からの問い合わせを

獲得して、最終的には億を超える出資を得ました。このように大きな成功につながった事例もあります。

　以上のように、広報PRと広告・宣伝は似て非なるものです。それぞれの担当者が同じ部署（広報部など）に属している場合もありますが、手がけている仕事はスタート地点から最後のゴールに至るまで、かなり異なるも

広報PRと広告・宣伝の主な違い

	広報 PR	広告・宣伝
特徴	お金が介在しない施策	お金で買う施策
概要	記者やディレクターなどを相手に、自社の情報をさまざまなメディアに売り込む	マスメディア側の広告営業部門と交渉し、それぞれの媒体における広告枠を購入する
必要なもの	アイデア・人脈・時間	お金
主な利点	・メディアの信頼性を利用できるので、消費者に対する訴求力が強い ・自社の社会的な信用や信頼性の獲得に資する ・クチコミやSNSでのバズなど反響効果が大きい	・非常に多くの人に情報を届けられる ・狙ったタイミングでの露出が可能 ・伝えたい内容での露出が可能 ・事前に予算を計算できる
主な弱点	・情報をどのように出すかはメディア側が決めるので、どれくらい販促につながるのか予測しづらい ・露出のタイミング、内容、露出時間（尺）などを事前に把握しにくい ・企画力や経験が必要	・一般的に広報PRよりも格段に費用が高い ・そのため、予算が確保できるときにしか実施できない ・消費者が「広告」や「宣伝」としてしか見てくれず、実際の売上につながりにくいことがある

のだと理解してください。**企業としては双方のメリットとデメリットを的確に把握し、目的に応じてうまく使い分ける**ことが求められます。

両者の違いについて簡単に前ページの図にまとめましたので、こちらも参考にしてください。

業界団体による定義

なお、広報PRの学術的な定義については、業界団体である**日本パブリッククリレーションズ協会（PRSJ）**や**日本広報協会**のサイトに詳しく掲載されていますので、興味があれば以下に示すリンク先を参照してください。

＊公益社団法人日本パブリックリレーションズ協会　https://prsj.or.jp/
＊公益社団法人日本広報協会　https://www.koho.or.jp/

ちなみにパブリックリレーション協会における広報PRの定義は次のようなものです。

「パブリックリレーションズは、ステークホルダーおよび社会とのあいだで健全な価値観を形成し、継続的に信頼関係を築くための活動である。その中心となるものは、相互理解と合意形成、信頼関係を深めるためのコミュニケーションである」（同協会HP「倫理規定」より引用／https://prsj.or.jp/）

同協会は2012年4月に設立された公益社団法人で、広報PR関連のセミナーを多数開催するほか、「PRプランナー」資格の認定団体でもあります。毎年発行している『PR手帳』はこの業界のバイブル的存在です。

一方の日本広報協会も、1954年発祥の歴史ある公益財団法人で、会報誌の『月刊広報』が有名です。業界内外の調査・分析も行い、定期的に有識者を交えたディスカッション形式の勉強会／セミナーを開催しています。

このほか、広報PRに関係する業界団体には以下のようなものがありますので、必要に応じて利用するといいでしょう。

　＊**社会情報大学院大学**：日本初の広報・情報の専門大学院
　　https://www.mics.ac.jp/
　＊**日本広報学会**：組織を導くアカデミズムと実践をつなぐ学術組織
　　http://jsccs.jp/

広報PRのメリットをさらに深掘りする

　広報PRのメリットとデメリットについて、さらに突き詰めて考えてみます。まずはメリットについて見ていくと、その多様さと優位性の高さに改めて驚かされると思います。

広報PRの優位性 1　公告や宣伝に比べてネガティブに受け取られにくい

　広報PRによって獲得した情報の露出は、企業がお金を払って行う広告や宣伝ではなく、メディアという客観的な存在による自主的な報道や紹介として読者や視聴者に届きます。そのため、**その情報には一定の説得力が生じ、信頼性が高い情報として受け取ってもらえる可能性が高まります。**

　これは広報PRの持つ非常に大きなメリットのひとつです。

　テレビCMや交通広告は、「プッシュ型」（みずから情報を発信する形の広告）の情報提供だとよく言われます。情報の受け手が特に情報を得ようとしていなくても、ある意味で「押しつける」ように、企業が知らせたい情報を届けるからです。

　みなさんもテレビCMが流れているあいだは、何か別の作業をしていることが多いのではないでしょうか？　日常のなかでぼーっとしていたりする視聴者に、強引に企業が情報を押しつけるのがプッシュ型の宣伝・広告です。

一方で「プル型」（みずから情報を収集する形）とされる広告や宣伝もあります。たとえばデジタルメディアにおけるウェブ広告が該当し、情報の受け手が何かの用語で検索をしたり、特定のサイトを訪れたりしたデータにもとづいて即座に関連性の高い内容の広告をブラウザの画面内に表示する、というものです。

　完全なる情報の押しつけであるプッシュ型広告よりは、利用者のニーズに合っている可能性が高い情報が提供されますが、それでも、広告内容は企業が一方的に人々に知らせたい情報であることには変わりません。

　私たち生活者は、プッシュ型かプル型かにかかわらず、**一般にこうした宣伝や広告に対してネガティブな印象を持っています**。自主的に求めているわけではない情報を、貴重な自由時間や脳のリソースを消費する形で届けられるからです。

　あるいは、いかにも興味をそそるようにつくられている広告であっても、結局は自分にお金を使わせようとして届けられていると理解しているからです。

　そのため**広告や宣伝の情報は、広告や宣伝であると認識された瞬間に、消費者の心理的なブロックに阻まれます**。「どうせ広告だから」と、その内容に興味を持ってもらえず、信用もされづらいのです。

　みなさんも一度は、ウェブ広告のスキップボタンを連打した経験があるでしょう（私はあります）。「あと○秒でこの広告を消せます」というボタンを凝視して、スキップボタンに切り替わった瞬間に押した経験もあるでしょう（私にはあります）。TV番組を見ていて、CMになったらトイレに行くというのも非常によくある行動パターンです（私もよくそうします）。

　すでに10代・20代にかけての世代はデジタル広告に慣れすぎていて、ほとんど頭を使わず、一瞬で広告と記事とを識別して読み飛ばしている──そんな研究さえあります。

広告・宣伝では非常に多くの人々に一度に情報を届けますが、多額の経費をかけている割には、その内容をほとんどの利用者に無視されてしまう欠点があるわけです（それでも、ごく一部の対象から反応が得られればそれで十分だと考える施策が広告・宣伝です）。

メディアの持つ信頼性を利用できるので受け手の心理的なブロックを回避しやすい

　一方、広報PRによる働きかけでメディアに露出した情報では、これとはまったく異なる状況が起こります。

　多くの場合、それぞれのメディアの情報に、情報の受け手は意図して触れています。新聞を読んでいる人ならその日のニュースを仕入れようとして読んでいますし、テレビのバラエティ番組を見ている人はそのいっとき笑える情報を求めて、わざわざその番組にチャンネルを合わせて見ています。趣味の雑誌を読んでいる人は、その趣味（ファッション、食、旅行など）の情報を得ようとしてみずから購入して読んでいます。

　それぞれの場面で、読者や視聴者は「このメディアが取り上げるなら、自分にとって有益であるはずだ」と考えて、情報を自主的に取り入れているのです。

　そのため、広報PRによってこれらのメディアの記事や紹介として情報が露出したときには、**情報の受け手は広告・宣伝に対するときのような心理的ブロックをほとんど発動させません。**

　メディアのターゲット属性が明確であればあるほど、しっかり読まれたり見られたりしますし、読者や視聴者にとって興味のある内容であれば、その後のクチコミやSNS上でのシェアも生まれやすくなります。当然、一定の割合で直接の購買にもつながっていきますし、企業や商品のブランディングにも効果が見込めるでしょう。

ある世界的に有名な外資系大手企業では、広報PRにおけるこうしたメリットを評価し、広報PRでの露出結果を広告・宣伝での露出の場合と比較して10倍の費用対効果で見積もっている、と聞いたこともあります。

メディアの第三者目線で伝えられる情報には、広告や宣伝では得られないこうした大きなメリットがあることを、まずは理解してください。

広報PRの優位性3　露出した情報をずっと使える

広報PRによって獲得したメディアでの露出は、多くの場合、発信直後だけでなくその後の長い期間にわたって利用できます。

各メディアに掲載された情報は、最近ではそれぞれの持つウェブ版の媒体にも転載されることが一般的です。そうした**ウェブ上の情報は長く残る性質**があるため、「参照先」や「メディア掲載実績」として、リンク先URLを自社資料や自社のウェブサイトにずっと掲載できます（最初からウェブ系のメディアに露出する場合にも、当然ながら同様の効果があります）。

ちなみに現状ではウェブ上にデータが残りづらいテレビでの露出であっても、少なくとも露出したことは変わりませんから、メディア掲載実績の事実を文章化して見込み客に示すことにはなんの問題もありません。

一度、情報発信したら終わりではなく、獲得した露出をある種の「情報資産」として長く活用できるというメリットがあるのです。

広報PRの優位性4　ネット上のバズや双方向のコミュニケーションにつなげやすい

広報PRによるメディアでの情報露出は、上述したように何度でも長期的に活用できるほか、リンクのシェアなどをしやすいために、対象をバズらせたり（たとえばSNS上で多くリツイートさせるなど）、クチコミを意図的に発

生させたりしやすい、という特長もあります。

　場合によっては特定のコミュニティや掲載メディア主催の関連イベントによる、インフルエンサーを使った座談会や商品の体験会など、多様かつインタラクティブ（双方向）なコミュニケーションにつなげることも可能です。

　広告や宣伝ではどうしても企業から消費者への一方通行なコミュニケーションとなりますが、広報PRではより多様な形でのコミュニケーションを実現しやすいメリットがあります。

広報PRの優位性 5　少ない予算で何度でも挑戦できる

　繰り返し述べているように、広報PRでは原則としてメディアに広告料を支払いません。そのため極言すれば予算ゼロであっても、アイデアや工夫次第で効果的な情報露出と拡散が可能です（実際にはプレスリリースを作成したり、メディアキャラバンを行ったりする際の人件費や通信費、交通費、オフィス費用などの諸経費がかかりますから、恒常的に費用ゼロで広報PR業務を行えるわけではありません）。

　広報PRはローリスク・ローコストな施策なのです。

　たとえば広告・宣伝活動でテレビCMを打とうとすれば、一般には数千万円規模の予算が必要です。いったん出稿を決めれば、あとから軌道修正したり、内容を変えたりするのも困難です。

　しかし広報PRであれば、広告に比べればごくわずかなコストで、それ以上の宣伝効果やマーケティング効果を実現できることがあります。

　もちろん、それはあくまでも広報PRの活動が大成功した場合のことで、毎回そのようになるわけではありません。それでもごく低予算な活動で、大きな広告効果を手にできるケースがあるのは事実です。

　少ない予算で活動できるので、その分細かく軌道修正しつつ、PDCA

（Plan→Do→Check→Action）のサイクルを回して何度も正解の打ち手を探れるという特長があります。

広報PRのこうしたメリットを活かしながら、新たに広報PR戦略を自社に導入しようとする際、私が常々お勧めしているやり方があります。

それは何かの商品を新発売する際に、最初はスモールスタートで予算が少なく済む広報PR活動から始め、市場の反応を見ながら、徐々に広告・宣伝などの大型の販促施策を増やして攻勢に転じていく、というパターンです。

こうしたやり方を、従来の市場調査や広告・宣伝などを優先する「マー

従来型のやり方とPRファーストでは、施策の内容や順番が異なる

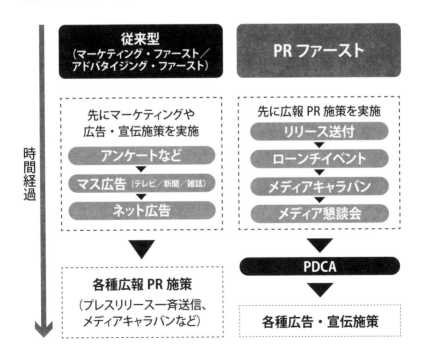

ケティング・ファースト」や「アドバタイジング・ファースト」に対して、「PRファースト」と呼ぶこともあります（前ページ図参照）。

　PRファーストであっても、すべてのケースで期待どおりの結果を出すことはできませんが、「従来の販促手法だけでは世のなかや生活者を動かすことが難しい」とか、「競合の牙城をなかなか崩すことができない」といった悩みを抱えている場合には、広報PRの手法が思わぬ突破口をつくってくれる場合があります。ぜひ、みなさんの会社でも導入を検討してみてください。

広報PRの優位性6　よい影響を与えられる対象が非常に多い

　広報PRでは、**情報の露出によって影響を与えられる対象が、広告・宣伝に比べてずっと多い**点もメリットとして挙げられるでしょう。

　当たり前のことですが、PR活動をとおしてテレビや新聞、その他のメディアに登場することで、自社や商品の情報を潜在顧客に広く知らしめることが可能です。単なる記号でしかなかったものが、「最近話題のあの会社ね」「このあいだ『王様のブランチ』に出ていた商品だな」と具体的な情報に変わっていきます。

　言い換えれば、「何者でもない会社・商品を何者かにする」効果があります。

　そのような情報に触れれば、既存の顧客についてもリピート購入を促すことになるでしょう。

　さらに広報PRの活動は、潜在・顕在の両顧客だけではなく、**自社のステークホルダー（利害をともにする企業・人）にも幅広くよい影響を与えます**。

　たとえばよく言われるのが、自社の社員やその家族への好影響です。自分が働いている企業が「話題の会社」としてメディアで取り上げられれば、

社員は誇らしい気持ちになるものです。

　また、ふだんは仕事の内容を知らない社員の家族も、「彼／彼女はいつもこんな仕事をしているんだ」「メディアに取り上げられるような『話題の会社』で働いているんだな」などと納得し、それが回り回って社員のモチベーションアップにつながります。

　就活生やその親に対しても、メディアで取り上げられている会社という信頼性は非常に大きな意味を持ちます。日本経済新聞に何度も取り上げられている会社と、一度も社名を聞いたことがない会社であれば、就活生がどちらへの入社を考える機会が多いかは、言うまでもありません。就活生が親に相談したときの反応もきっと同様のはずです。広報PRはよりよい人材採用の面でも無視できない好影響を与えるのです。

　このほか取引先や金融機関、場合によっては競合企業や地域社会が自社を見る目も変わります。株主への訴求効果もあるでしょう。メディアでの掲載実績があることで、別のメディアの記者などが安心して取り上げやすくなるという効果もあります。

　広報PRには、実に幅広い対象に、同時に、複合的に影響を与えられるメリットがあるのです。

考えられるその他のメリット

　このほかにも広報PRによるメディア露出がもたらす好影響や、その対象はいくらでも考えられます。キリがないので主なものを以下に箇条書きで挙げておきます。参考にしてください。

（1）知名度が上がる

（2）（それにより）接触回数が増える

（3）（それにより）信用度が上がる

(4)（それにより）ファンが増える

(5)（それにより）ブランドの価値が高まる

(6)（それにより）業界内外での第一想起（最初に検討先として想起されるブランド）になる確率が高まる

(7)（それにより）営業活動（セールス）がしやすくなる

(8)（それにより）マーケティングもしやすくなる

(9)（それにより）金融機関やベンチャーキャピタルからの融資を受けやすくなる

(10)（それにより）国や県から補助金、助成金を受けやすくなる

(11)（それにより）大学などから共同研究のオファーが来る

(12)（それにより）公的機関のアワード（表彰）などの候補になる

(13)（それにより）上場企業など大手の取引先からアプローチが来る

(15)（それにより）売上向上や顧客創造につながる

(16)（それにより）社員のモチベーションが上がる

(17)（それにより）社員の家族が会社を誇りに思う

(18)（それにより）ステークホルダー全員が幸せになる

いかがでしょうか？　**広報PRの効果というのは複合的で、それぞれが段階を踏みつつ次第にその影響度を拡大していきます。**結構な広範囲にわたって、プラスの効果が期待できると思いませんか？

かつて、広報PR活動に理解が深かったとされる松下幸之助氏は、PRの目的についてこう述べたとされます。

「PRとは、会社の評判をよくする活動だ。そして問題は、いい評判というのは広告のスペースを買ったり、テレビCMを打つように金では買うことはできないということだ」と。

実際、広告や宣伝に莫大なコストをかけても、広報PRのような複合的な効果は得にくいでしょう。

広報PRは中堅企業や大企業にとってはさらに規模を拡大する手段として、中小企業やベンチャー企業にとっては少ない予算で大企業に打ち勝つ武器として、それぞれに役立ちます。本書を参考に、点を面に変える積極的な活用を検討してみる価値は十分にあると確信しています。

　左の箇条書きに示したように、広報PRには「ヒト・モノ・カネ・情報が常に向こうからやって来るようになる」という特長があります。このポイントを図示すると以下のようになりますので、こちらも確認しておいてください。

広報PRによる変化の一例

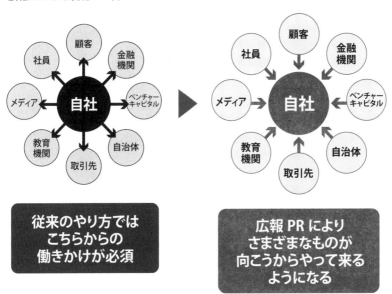

広報PRにもデメリットはある

　よいことばかり述べてきましたが、当然ながら広報PRにも弱点、つまりはデメリットがあります。以下にいくつか紹介してみます。

広報PRの弱点 1　情報の露出形態をコントロールできないので、販促活動に直結させにくい

　広報PRでは、企業側が提供した情報をいつ、どのように取り上げるのか**編集権をメディア側が持っています**。そのため、たとえメディアでの情報露出があっても、企業側が期待するような広告効果が出ないことがあります（逆に、予想していなかったほど大きな広告効果が生じることもあります）。

　たとえば自社の広報PR担当がプレスリリースで提供した情報について、メディア側から問い合わせや取材などがあると、企業側はごく短期間のうちにそのメディアでの露出があるだろう、と考えがちです。

　実際、多くの場合には比較的短期間のうちに該当メディアへの掲載が決まり、おおよその日程や掲載内容の連絡が来ます。しかしときには、そのまま何か月も放置され、忘れたころに掲載されるとか、一度も掲載がないまま話が立ち消えになる、なんてこともあります。

　その背景には、取材後に行われるメディア側の社内審査プロセスにおいて、該当の記事が掲載審査を通過しなかったからとか、予定されていた掲載タイミングにほかの大きな事件・事故等が起きて、そちらに紙面スペースや電波の尺をとられてしまったから、などといった事情があります。

メディアの内部事情はともかく、広告や宣伝とは違い**情報露出のタイミングが流動的なので、企業側はさまざまな販売促進施策とのタイミングを合わせるのが難しい**という悩みを抱えがちです。

　同じく、事前に聞いていたのは自社のサービスだけを紹介する記事だったのに、実際の露出では競合企業のサービスと並列に紹介する内容だったとか、大きな記事で詳しく紹介するという話だったのに、実際には申しわけ程度の小さな紹介記事だったなど、情報露出の内容について、広報PRでは企業側にはほとんど決定権がありません。

　さらには、基本的にはどのメディアも企業の商品やサービスについて単純な宣伝をするつもりはサラサラなくて、あくまでもみずからのメディアの利用者にとって有益な情報を紹介する、という視点で記事の作成をしています。そのためストレートな商品紹介にはならず、**実際の販促効果がどのくらいになるのかは、記事が出てみなければわからない**という面があります。

　広報PRによる情報露出は、こうしたメディアの第三者性があるからこそ信頼されやすいのですが、企業側の販売促進という視点で見ると、不確実性を避けられないというデメリットがあるというわけです。

広報PRの弱点 2　不利益な情報露出になる危険性がある

　こうした不確実性が極端に出た場合には、**企業が望んでいない形で、メディアに自社や自社商品の情報が掲載されてしまう**こともあります。

　何か企業側が隠したい情報を持っていて、メディア側がそれを暴こうとしているときや、企業の提供している商品／サービスの問題をメディアが指摘しようとする際には、メディアの記者などは本来の目的をカモフラージュして広報PRの担当者に接触してくることがあります。

そうしたメディア側の働きかけに対し、広報PRの担当者が善意で提供した情報の一部をメディアが切り取り批判的な文脈で掲載する、というケースもごくまれにですがあります。企業側としては「だまされた！」と抗議したくなるようなケースです。

　しかしそうした手法も含めて、メディアの編集権、あるいは言論や取材の自由に含まれることがほとんどです。

　こうした事態はめったにないことなので、あまり神経質になる必要はありません。しかし広報PRでは情報の露出形態を企業側がコントロールできないことを極端に示す例として、一応は危険性を認識しておくといいでしょう。

広報PRの弱点 3　企画力や経験が必要なため属人的なノウハウになりやすい

　広報PR業務を効果的に行うには、メディア側との長期的な人脈構築や、メディアに取り上げられやすい**情報開発**のノウハウを担当者が身につける必要があります。

　いわゆる企画力や発想力、経験が求められますから、**ある種の「職人技」として属人的なノウハウとなりやすく、企業の内部でそのノウハウを共有したり、継承したりする難易度が高い**こともデメリットとして挙げられるでしょう。

　こうした特徴は、**社内で広報PR業務に関する正当な評価や理解を得られにくい**とか、**主要な担当者が辞めてしまうと、それまでと同じように活動を継続させるのが難しい**といった副次的なデメリットも生じます。

広報PRの弱点 4 効果測定が難しい

　広報PR活動を企業の業務として行う場合には、それぞれの施策にどれくらいの効果があったのか、効果を測定して把握する必要があります。

　しかしこの効果測定は意外に難易度が高く、どのように行えばよいのか多くの企業が非常に悩むところです。

　メリットのところで述べたように、広報PRで獲得した情報露出は長期間にわたって複合的な目的に利用可能です。そのため「どの期間で効果測定すればよいのか？」「問い合わせや売上のうちどれくらいが広報PR活動によるものなのか？」「どの指標で評価するべきか？」といった疑問がどうしても出てきてしまうのです。

　このほかにも、たとえば以下のような効果測定を難しくするハードルが存在しています。

ノウハウの属人性

　先ほども述べたように、広報PRのノウハウは多くが担当者個人のメディア人脈や発想力・企画力などに依存しています。

　そのため担当者以外には、業務の実行プロセス上のどこに重要な指数があるのかさえわからないことが多く、せっかく効果測定した数値も的外れで、意味のあるデータになっていないことがよくあります。

そもそも評価軸が設定しづらい

　問い合わせやリード獲得などの最終的なインバウンド（顧客から自社への働きかけ）が、ウェブや紹介などの間接的なルートで起こりやすいのも広報PRの特徴です。

　たとえば広報PRの担当者がメディアにプレスリリースを送り、それでテレビや新聞に情報露出が決まり、さらにその記事がネットメディアに転

載されて SNS 上のバズが起きたとしましょう。広報 PR のシナリオとしては、考えられるほぼ最良の展開です。

　結果、それらの情報露出のうちのどれかを見た見込み客が、あなたの会社の商品に興味を持ち、あなたの会社の営業パーソンに声をかけたとします。その会話が発端となり、めでたく大型案件を受注できたとしましょう。

　このとき一般的な企業では、その大型受注の成績は広報 PR の担当者のものではなく、最初に見込み客に声をかけてもらった営業パーソン個人の成績になることが多いはずです。**たとえ広報 PR 活動が最初のきっかけをつくっていたとしても、最終的な結果からそれを推し量ることが難しいので、最後に直接的な売上を上げた部門や個人の成績となってしまいがちなのです。**

　同時期に広告や宣伝の活動も行っていれば、どの施策が最初のきっかけをつくったのかさえ、判別するのは困難です。

　このように**広報 PR の仕事には、そもそも効果測定における評価軸を設定しづらいという性質があります。**

　広報 PR が日本で注目を集めるようになって、すでに 20 年近く経過しています。しかしこうした理由から、いまだに「これがもっとも有効な効果測定法だ！」と誰もが合意できる手法は存在していないのが現状です。

　とはいえ、もちろんさまざまな効果測定法が開発されていて、現在では以下の 3 つの手法が代表的なものとされています。

a. **広告費換算による効果測定**：メディアでの情報露出があったときに、媒体価値や露出の大きさ、あるいは露出の文脈（クオリティ）によって一定の評価を与え、金額を算出する方法です。

　たとえばテレビであれば、番組そのものの視聴率や露出した秒数などによって、「もし同じ番組の広告枠に、同じ秒数で CM を流したらいくらに

なるか？」という考え方で金額を算出します。

　広告・宣伝と違って内容の編集権が企業側にないので、取り上げ方が肯定的であれば1.2、中立的なら 0 、批判的なら0.7といった評価係数をかける場合もあります。

b. 消費者認知度やリーチ率の定点観測による効果測定：さまざまな形のアンケート業務をアウトソーシングできるマクロミル社やインターネットリサーチ社などを利用して定期的にウェブアンケートを行い、主に①ブランド認知度、②商品名の浸透率、③実際に使用したことがあるか、④情報への接触頻度の４つを定点観測します。

　広報PRによる情報露出の前後で、それらの数値に生じた変化を測定し、効果を推し量る方法です。

c. 売上貢献度による効果測定：自社ウェブサイトへのアクセス数や直接的な問い合わせ数、営業部門の顧客接触数、競合から自社への乗り換え数、あるいはより直接的にキャンペーンサイトへのアクセス数や関連イベントへの集客数など、自社でふだんから把握している各種の売上貢献指標を使い、広報PRによる情報露出の前後で、それらの数値に生じた変動を確認することで効果測定する方法です。

　このうちもっとも一般的に用いられているのは、最初に挙げた「広告費換算による効果測定」でしょう。

　ただ、いずれの効果測定法を使っている場合でも、企業の経営陣、あるいは広報PR部門の担当者からの評判は必ずしもよくありません。

　それは、こうした手法でなんとか効果測定を行ったとしても、その結果が"次"につながることが少ないからです。つまり新しい戦略シナリオの構築や、メディアアプローチ手法の改善などにデータが活かされるわけでは

なく、単に人事評価上の要請から行われている採点にすぎない、と感じられるからでしょう。

こうした効果の測定には、手間もコストもかかります。そうして得られたデータをしっかり二次利用、三次利用してPDCAを回せなければ、宝の持ち腐れです。

しかし上述したような広報PR業務の特殊性（効果測定上の種々のハードル）からうまく活用できていないことが多く、そこは広報PR業務に特有の弱点（デメリット）のひとつと言えるでしょう。

広報PRの弱点 5　常に炎上のリスクがある

広報PR活動では「会社の視点」よりも「社会の視点」、「商品の特徴・スペック」よりも「生活者の興味・関心の視点」が重視されます。これはBtoB企業であっても、BtoC企業であっても同じです。

そのため「広告はBuy me（買って）、広報PRはLove me（愛して）」などと表現されることもあります。

広報PRでは、最終的には**自社やその商品／サービスを顧客に知ってもらい、ファンになってもらうことや、顧客を含めた社会全般に自分たちの誠実さや存在意義を知ってもらうこと**が目的となります。

そのため**やらせや嘘はご法度**です。情報の受け手に「嘘がある」「やらせだ」と感じさせてしまうと、逆効果となって"炎上"してしまうこともあるので、その点にはよくよく注意しなければなりません。

たとえば先日、ある大手映画会社が広報PR施策の一環として、自社の新作映画についてさも投稿者が自発的に投稿したかのような形で、SNS上に感想＆お勧めのイラストを多数掲載する（実際には広告費を払って掲載させる）という取り組みをしたことがありました。

最初のうち、こうした投稿は首尾よくSNS上での情報連鎖を生んでいたようですが、同じような投稿が一斉に行われたことに気づいた利用者があらわれ、最終的にはやらせや**ステルスマーケティング**（広告と明示せずに行われる広告）のたぐいだと発覚して、生活者の反感を買って大炎上してしまいました。

　ある程度、事前に形の決まっていることが多い広告や宣伝とは異なり、広報PRにはアイデア次第でさまざまなスタイルの情報露出を実現できる自由度の高さがあります。ただ、それは**常に炎上のリスクと隣り合わせである**ことも意味します。

　消費者をだますような手法を使ったり、費用対効果や効率だけを追い求めて、いわゆる「炎上マーケティング」のような手法（あえて消費者の反感を買うことで大きな話題にする手法）を使ったりしてしまうと、社会から信頼されなくなるという「逆ブランディング」につながるリスクがあるのです。

　これは単純なデメリットとは言えないかもしれませんが、広報PRにはそういうリスクも内在されていることは、読者のみなさんも肝に銘じておいたほうがよいでしょう。

広報PR
27種の具体的な業務内容

業務内容は多岐にわたる

　理論的な話ばかりだとイメージが曖昧になりますから、この章の最後に、広報PRの業務内容に具体的にはどのようなものがあるのかざっと紹介していきます。

　自社の業種や規模によっては、実際には行わない業務もあるかもしれませんが、**知っている打ち手は多いほうが有利**です。打ち手自体の存在を知らなければ、その場その場で最適な対応手段を選べませんし、自社の成長に合わせた広報PR業務のステップアップも難しくなります。初心者の方はもちろん、経験者の方もぜひ再確認しておいてください。

(1) 市場調査／リサーチ

　市場調査を行って、マーケットの声をヒアリングします。場合によっては広報PRの担当者が、消費者を集めた座談会を企画することもあります。基本となる業務のひとつで、「リサーチ」と呼ぶ場合もあります。

(2) 競合調査

　競合を調査してSTP（セグメンテーション・ターゲティング・ポジショニング）を組み上げ、今後とるべき広報PR戦略の判断材料とする仕事です。

　マーケティング支援を手掛けるリコー社のホームページ上にわかりやすい解説図が公開されていたので、引用しておきます（右図参照）。

S	**セグメンテーション** **Segmentation** 市場の細分化（顧客を同質なニーズを持っているグループに分類することを意味する。	市場にバラバラに散らばる人を"ニーズ"に着目して『グループ』に括る！
T	**ターゲティング** **Targeting** 細分化したグループのなかから、どの市場（顧客）を狙うのかを決める。	括った『グループ』のなかから「もっとも魅力的」なグループを見つける！
P	**ポジショニング** **Positioning** ターゲットに設定した市場における自社の立ち位置を明確にする。	顧客が「これなら買いたい！」と思う要素を洗い出して、競合より魅力的に見える打ち出し方を考える！

出典：リコーのマーケティング支援「売れる販促戦略には欠かせない！ STP分析とは？」
https://drm.ricoh.jp/lab/glossary/g00037.html

（3）情報発信戦略の策定

　さまざまな広報PR業務のなかでも、もっとも大切な仕事のひとつです。市場／競合の調査・分析の結果を踏まえ、今後、自社が行っていくべき情報発信のシナリオを描き、情報戦略の大枠を構築します。

　これから市場で自社がどのような立ち位置を狙っていくのかを決める重要な意思決定プロセスですから、この業務については会社のトップやマネジメント層の関与も必要となります。

　こちらも同様に、リコー社のホームページ上にわかりやすい解説図がありましたので引用しておきます。次ページの図を参照してください。

環境分析、戦略立案、施策立案の構造図

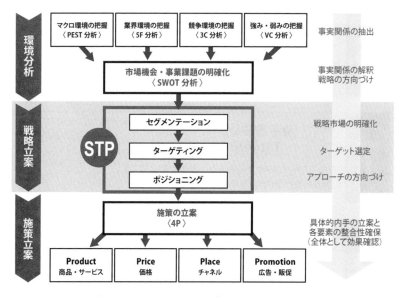

出典：リコーのマーケティング支援「売れる販促戦略には欠かせない！ STP 分析とは？」
https://drm.ricoh.jp/lab/glossary/g00037.html

（4）情報開発（情報クリエイティブ）

　策定された情報発信の戦略に沿って、自社が発信したい情報（商品情報など）をメディアに取り上げられやすい形に加工したり、必要な情報を収集したりして、新たな情報をつくり出す業務全般のことです。

　企業が発信したい情報は、必ずしもメディア側の求める文脈に沿っている情報ではありません。 そのため両者のあいだに存在するギャップを調整して、相手の求める情報をつくり出すのです。上流からの高度なシナリオ設計力と、感覚的な創造性のふたつが求められます。

　こうした特性から、この業務を「**情報クリエイティブ**」と呼ぶこともあります。

（5）コミュニケーション・キーワードの策定

　情報開発で得られたコンテンツには、メディアや人を動かすためのキーワードやキャッチコピーが含まれているのが一般的です。情報開発のうち、こうしたキーワードを考える部分の業務を特に「コミュニケーション・キーワードの策定業務」と呼ぶことがあります。

　あるいは、もっとシンプルに「**コピーライティング業務**」と言うこともあるでしょう。

　こうしたキーワードやキャッチフレーズは、そのままメディアに送るプレスリリースのタイトルになることも多いです。

（6）プレスリリース作成

　メディアからの取材や問い合わせを引き寄せるための「案内状」がプレスリリースです。その作成は、当然ながら広報PR担当者の主要業務のひとつとなります。

　業種によっても異なりますが、最近では一時期のようにプレスリリースを乱発することは避ける企業が多くなっています。重要な発表（ローンチ）が続く場合を除けば、月に２本ぐらいのペースでの発信が適当、かつ有効だと考えられています。

　プレスリリースの書き方は第４章すべてを使って詳しく解説していますので、ここでは軽く触れるだけに留めておきます。

（7）プレスリリース配信

　作成したプレスリリースを、FAXやメールを活用してテレビ局や新聞社に一斉に配信する業務です。１件１件個別に送っていくこともあれば、「**配信スタンド**」と呼ばれるサービスを利用して、一気に送ってしまうこともあります。

　配信スタンド業者は、たいていはそれぞれ独自に配信先を開発していま

す（配信先のメディアに了解をもらったうえで、送付先の番号やアドレスをリスト化しています）。実は私の会社でも、「フロンティアスパイラル」という名称でこうした配信スタンドサービスを提供しています。例として紹介すると、一度の配信でおよそ2,300人のメディア記者やディレクターにダイレクトにメール・FAX配信ができるようにしています。

　ほかにも国内の代表的な配信スタンドをいくつか例示しておきます。

　　＊アットプレス　https://www.atpress.ne.jp/
　　＊PRタイムズ　https://prtimes.jp/
　　＊ドリームニュース　https://www.dreamnews.jp/
　　＊共同通信PRワイヤー　https://kyodonewsprwire.jp/

　こうしたサービスを通じて、たとえばテレビ局には多いときで1日300枚以上のプレスリリースが届きます。

（8）メディアキャラバン

　配信スタンドなどの外部業者に頼らず自社でもメディアリストを整備して、1件1件電話してアポイントメントをとり、実際に訪問していく業務があります。「**メディアキャラバン**」です。

　アポがとれたら訪問して、直近のプレスリリースの内容を手短に説明し、化粧品や家電の場合には商品のデモンストレーションなどもしてそれぞれのメディアへの露出交渉を行います。

　時間も手間もかかる仕事ですが、**メディア人脈を強化するための重要な仕事**でもあります。多くのメディア人脈を築ければ、同じプレスリリースでもより高確率にメディアでの露出につなげることが可能となります。

　私の会社でもこうしたメディアキャラバンは日常的に行っており、クライアント1社について、平均で月80～100件程度のキャラバンアプローチ

を実施しています。

(9) 記者発表会／記者会見の企画・運営

新サービスや新ブランドのお披露目、あるいは新事業の発表などに際しては、メディアの記者を集めて記者発表会や記者会見を行うこともあります。

進行の台本やバックパネル（発表者の後ろに立てる、自社などのロゴ入りのボード）、入館証などを事前に用意し、当日はスタッフが的確にメディア関係者のアテンドをすることが必要です。

また、参加者がほとんどいないガラガラの記者発表会をするわけにはいきませんから、前述のメディアキャラバンによって事前に関係者を集客しておくことも重要になります。

(10) 記者懇談会の企画・運営

記者発表会や記者会見といった大規模なものではなく、主要な関連メディアの記者数人を集めて、自社の会議室などで小規模な記者懇談会を開くケースもあります。

少人数での質疑応答がメインとなりますので、記者やライターと密なコミュニケーションが可能です。

自社内でもできれば会社のトップ、あるいは該当の新商品などの事業部門トップに参加してもらえるよう、事前の調整を行う必要があります。

(11) 記者クラブの活用

各省庁や地方自治体、業界団体、公的な団体などには、いまでも記者クラブが多数設置されています。たとえば農林水産省なら「農政クラブ」、経済産業省なら「経済産業記者会」、東京都なら「東京都庁記者クラブ」といった調子です。

それぞれ担当している団体の建物内に専用の個室を与えられていることが多く、メディア関係者以外でも、企業であればプレスリリースの持ち込みができるケースが多いです（各社の担当者が、東京証券取引所の記者クラブである「兜倶楽部」に決算発表のプレスリリースを一斉に投函する様子は、時事ネタとしてもテレビのニュースでよく取り上げられています）。

　記者クラブには主に新聞とテレビ各社の担当記者が配置されています。そのため記者クラブにプレスリリースを持ち込むことで、それらの企業に一斉に情報を配信するのと同様の効果を期待できるのです。

　ただし特有のルールなどもあるため、使うときには注意も必要です。

　こうした記者クラブを有効に活用することも、広報PR部門の担当業務のひとつと言えます。

(12) 企画記事、企画番組の獲得

　テレビの番組や雑誌の紙面は、常設のコーナーと特集企画のふたつを組み合わせることで構成されています。これらのコンテンツをどのような文脈でつくり、そのなかでどのような情報を取り上げるかは、通常、メディア側の記者や編集者、ディレクター、制作会社などが考えます。

　しかしこのうちの特集企画に関しては、ときには企業側の広報PR担当者がどのようなコンテンツをつくるのか企画の段階から丸ごとメディア側に提案し、それがそのままとおってしまうことがあります。

　メディアの記者やディレクター、編集者などは常に忙しいので、時間がなくて今月は企画を立てられなかった……といった状況では、タイミングよく持ちかけられた企業側からの提案に丸乗りする、ということがときどきあるのです。**メディアとしては最終的に読者や視聴者がより喜ぶ情報を届けられればそれでいいので、仮に企業側からの発信・提案であったとしても**あまりこだわらないことがあるのです。

　こうした場合、企業側は特集企画のなかで自社の情報を多めに露出さ

せたり、自社の情報を中心にした内容をセッティングしたりできるので、通常の広報PR活動をとおして獲得できるメディア露出よりも格段に大きな影響を社会や潜在顧客に与えられます。

少々難易度は高いのですが、こうした企画記事や企画番組の獲得を狙っていくことも、広報PRの担当業務のひとつと言えるでしょう。

(13) メディアヒアリング

メディアへの情報提供をより魅力的にするため、情報を発信する前に懇意な記者やディレクターなど数人に事前にプレスリリースを見せ、アドバイスをもらって発信内容をブラッシュアップする業務です。

実際に情報を選ぶ立場にある人たちの意見を事前に聞けば、メディアに情報が露出する可能性はさらに高まるはずです。

情報発信前のヒアリングだけでなく、情報を発信したあとにどう感じたのか感想を聞いて、今後の企画立案に役立てる業務も同じく「メディアヒアリング」と言います。

(14) リスクマネジメントと危機対応

通常時には、メディアに自社の情報を取り上げてもらうのが広報PRの仕事です。しかし自社が事件・事故の当事者になったり、残念ながら何か不祥事を起こしてしまったりしたときには、社会的な責任を果たしつつ、メディアが自社を取り上げる際にできるだけブランド価値を損なわないよう、素早く対応する「守りの広報PR業務」も必要になります。

具体的には記者会見での会社トップの発言内容や仕草、服装などにアドバイスを与え、メディアからの取材要請や問い合わせにも広報PRの担当部署が先頭に立って誠実に一元対応します。

こうした業務は通常の広報PRの業務とは異質なため、危機対応専門のPR業者に外部委託しているケースも多いです。

(15) 自社のマネジメント層へのメディアトレーニング

　新商品などに関する前向きな記者発表会や記者会見、記者懇談会、あるいは先ほど述べたような危機対応の場面では、メディア関係者とふだんあまり接することのない自社のトップやマネジメント層の人間が、直接メディア関係者と接してさまざまな質問を受けることになります。

　こうした場面で不用意な対応や発言をしたりすると、それが原因となって思わぬ炎上が起こりかねません。

　服装、話し方、ちょっとした仕草なども含めて事前のメディアトレーニングが必須です。そうしたトレーニングを抜かりなく行うことも、広報PR部門の仕事となります。

(16) 想定Q&Aシートの作成 （質問事項の整理）

　メディア対応時に聞かれる質問などを予測し、「Q&Aシート」を作成しておくのも広報PRの仕事です。答えるべき内容は質問される本人にも事前に確認してもらい、調整しておきます。

　こうしたQ&Aシートは、特に危機対応のときには必須です。こうしたシートがあれば比較的落ち着いて対応できるからです。

　また記者会見などでは質問内容を事前に把握することはできませんが、個別取材でのインタビューの場合には、事前にメディアの側から、予定している質問の内容を聞いておけることが一般的です（そのほうが企業側が事前に調べたりして、メディア側も実のある回答を得られるためです。ただし、ジャーナリズム精神の強い媒体では教えてもらえないことや、アドリブでの質問が多いこともあります）。

　この場合にも、可能ならインタビューされる本人と協力して、それぞれの質問へどう答えるか、おおよその内容を事前に用意しておくとよいでしょう。

　こうした想定Q&Aシートの作成は、通常はベテランの広報PRスタッ

フが行います。

（17）PRイベントの企画・運営

　情報を世のなかに広く知らしめるためには、PRのためのイベントを実施することが有効な場合もあります。タレントを活用したり、旬の情報を扱ったりしたうえで、メディアへの告知を行って多くの取材や露出を獲得するのです。

　広報PRの担当者は、こうしたイベントの企画や運営を行うこともあります。

（18）リーク

　広報PRの担当者は、主に新聞や雑誌などの紙媒体の記者を対象に、リークという形で意図的に情報を流すことがあります。

　プレスリリースでは一斉に情報を発信するのが原則なのに対し、**リークでは特定のメディアにだけ事前情報を流し、対価として高確率でそのメディアに情報を露出させます**。

　自社の新商品や新サービスの情報を特定の媒体に載せたい場合に有効ですが、活動にあたっては繊細さも求められます（→リークについては第6章で詳述しています）。

（19）テレビPR

　メディアキャラバンやプレスリリースの発信と一部かぶる業務ですが、メディアのなかでも影響力が強いテレビメディアへの働きかけを指して、特に「テレビPR」と呼ぶことがあります。

　ひと口にテレビと言っても、**主に「報道／ニュース」「情報バラエティ」「旅番組」「経済ドキュメンタリー」の4つに番組の種類が分かれます**から、それぞれの特徴に応じたアプローチが必要になります。

（20）デジタルPR

　同じく、ウェブメディアだけを対象にメディア露出の働きかけを行うことを「デジタルPR」と呼びます。

　現在のウェブメディアでは、互いのサイト同士で情報提供をし合う仕組みが構築されているため、どこかのウェブ媒体に情報が露出すれば、そのサイトと提携しているほかのウェブ媒体にも一気に露出が拡散してくれます。そうした場合にどのサイトに拡散されたのかを確認するのも広報PRの担当業務です。

　またSNSを活用して真摯に情報発信を行うことで、クチコミの拡散や商品にプラスになる評判（レピュテーション）、あるいは権威性（オーソリティー）の獲得を自然発生的に狙っていくのもデジタルPR業務の一環でしょう。

（21）動画PR

　いまや動画もPRには欠かせないツールです。上述のデジタルPRの一部とされることもありますが、その影響力の伸張が著しいことから、最近は「動画PR」だけを独立して扱う業者や専門家もいるほどです。

　ウェブ上でのPR動画の作成やその拡散はもちろん、著名なユーチューバーなどを起用して配信動画内で自社の商品情報に触れてもらったり、動画を飛び出してリアルメディアやイベントを横断したバズPRを仕掛けたりします。

（22）広報制作物のプランニング

　企業の業種や規模、また成長のステージによっても誰が担当するかは変わりますが、必要に応じて会報誌やメールマガジン、キャンペーンサイトなど、さまざまなPRコンテンツの制作にも広報PR部門が関与します。

(23) メディアクリッピング

露出した記事を収集したり、放映された番組を録画したりする業務です。同時に広告換算費も算出して記録する場合もあります。

自社で行うケースと、**クリッピング会社**に委託するケースがあります。以下は代表的なクリッピング会社の例です。

＊ジャパン通信社：最大手のクリッピング会社
https://www.japan-tsushin.co.jp/

＊内外切抜通信社：80年以上の歴史を持つ老舗のクリッピング会社
https://www.naigaipc.co.jp/

＊＠クリッピング：比較的、良心的な価格設定だと言われています
https://www.atclipping.jp/

(24) メディア対応

記者やディレクターからの問い合わせに対応する窓口業務です。通常はプレスリリースの最後に問い合わせ先として電話番号を明記します。専門の直通ダイヤルを設けることもあります。メールアドレスも必須。

いわば自社の「広報事務局」として、素早く、的確に対応する必要があります。

メディアによっては夜間や早朝に連絡してくることもあり、しかもそのつど適切に反応しないと、別の企業に切り替えられてしまうことがあります。働き方改革との兼ね合いはありますが、チャンスを逃さないようにある程度の公私混同は許容して、会社の業務時間外でもメールくらいは確認できるようにしておくのがいいでしょう。

（25）タレントのキャスティング

　タレント事務所やモデル事務所と交渉して、**PRタイアップ**（有名人に自社商品を提供し、実際に使ってもらった感想をSNSや動画で発信してもらう活動など）を行ったり、PRイベントへの出演交渉を行ったりします。

（26）アテンド（つき添い）

　記者発表会や記者会見ではメディア関係者を、PRイベントではタレントやその他の出演者などをアテンドする人員も必要です。通常、こうした人員も広報PRの担当部門から出します。

　控え室まで案内したり、お茶やお弁当を出したり、必要な打ち合わせを行ったりします。入館証や関係者とわかる腕章などを用意して、つけてもらう場合もあります。

　逆に自社のトップがテレビ番組に出演する場合などには、同行してメディア側との調整を行います。こうした業務も「アテンド」と呼びます。

　特にテレビの場合には、演出面での打ち合わせを事前にテレビ局側と行う必要があることも多いので、広報PR担当者によるアテンドは必須となるでしょう。

（27）広報PR部門の育成

　通常業務と平行して、後輩の広報PRスタッフを育成するのも大事な仕事です。また個人ではなく組織にノウハウを残し、外部のPR会社に頼らずに自社で広報PRができる態勢づくりを求められる場合もあります（会社の方針によります）。

　ちなみに私の会社へのお問い合わせでは、およそ半数のクライアントが自社内での広報部門の立ち上げ支援や人材育成を希望されています。

情報発信しないと今後は生き残れない

いかがでしたか？

こうした多様な業務を行うのが広報PRです。

担当者には、社会がいまどういうことに関心を持っているのか常に把握しようとする情報収集力や、アンテナの感度が求められます。

情報は「発信するところ」に集まってきます。

今後はますます、情報発信力が求心力になると考えるべきでしょう。これからは情報発信スキルのない企業は、生き残るのが難しい時代になってくるだろうと私は考えています。

また、**情報は「発信」するからこそ、周囲や社会に知ってもらえます。**

たとえばマーケティングというものは、実際に運用してみるとコストもかかるし、工数も必要となります。

もちろんマーケティングそのものは企業の成長にとって必要です。ただどこよりも早く、低コストで知ってもらう方法というものを、もっとフラットな目線で考える必要があると思います。

その基本となるのが、**自社が情報を発信する**ことで興味を持ってもらうという姿勢でしょう。広報PRではその考えが根幹にあるわけです。

少ない予算と少ない人数で広報PRを運用することで、世のなかに広く知ってもらうことができれば、中小ベンチャー企業にとっては非常に効果的な手法ではないでしょうか。

特に個人店舗のオーナーや、これから事業を採算化させる段階のスタートアップ企業の経営者にとっては、広報PRは大きな武器となります。また地方の企業が大手のガリバー企業に勝っていくためにも、広報PRは有効です。

本書ではこのあと、広報PRの具体的な手法について事例を交えつつ深掘りして解説していきます。ぜひみなさんの企業でも、広報PRのアプローチを取り入れてみてください。

第2章

企業戦略としての
広報PR

戦略的な広報PRの実践で急成長できる

画一的な取り組みでは大きな成功につながらない

広報PRでは、「可能な限り多くのメディアに、同じように自社の情報を露出させるよう努める」という取り組み方では、満足のいく成果は収められません。

当然ながら企業ごとに自社の目指しているゴールがあり、経営理念や事業の定義、クレド（企業の理念や行動規範、指針などを簡潔に表現したもの）などがあります。そうした自社の目指している方向性からずれているメディアに露出を獲得したとしても、正直、あまり意味はありません。情報を提供するメディアを間違えてしまうと、ときには自社のブランド価値を下げる結果になってしまうことさえあります。

またメディアとひと口に言っても、そこに集まる読者・視聴者やユーザー層は千差万別です。情報の影響の仕方や、拡散の様子はそれぞれのメディアで大きく違いますし、情報を拡散させようとする際に守るべきルールや文化なども違います。

広報PRの担当者はこうしたメディアごとの違いを意識し、同時に自社にとっていま必要なのはどのような形の露出なのかも認識して、戦略的に広報PRという「道具」を使っていく必要があります。

将来を見据えた戦略的な広報PRを行ってこそ、大きな成果につなげら

れるのです。

　そうした"戦略的な広報PR"あるいは"広報PR戦略"は、「**企業の目的達成や課題解決のために、主体性と計画性を持って行う創造的な広報PR活動**」と定義できます。

＊商品やサービスの売上を何割上げたいのか？

＊誰に、どのようなイメージや文脈で知ってもらいたいのか？

＊どのターゲットに対して、どのようにイメージを変えたいのか？

＊広告費を抑えたいのか、あるいはマーケティングと連携させたいのか？

　たとえばこれらの要素をきちんと定義して、目指すべき理想像を決めるだけでも、企業や店舗が目指すべき広報PR戦略の概略が見えてきます。

　最近ではこうした戦略的な広報PRの活用が大変重視されています。この第2章では、そうした企業戦略としての広報PRの活用について詳しく述べていきましょう。

あの老舗企業も、あの急成長企業も 広報PR戦略を重視してきた

　広報PRを本当に戦略的に運用できたとき、企業はどのようになれるのでしょうか？

　結論から言ってしまうと、**戦略的な広報PRの活用で、企業は急激なスピードでの成長を実現できます。**

　中小企業やスタートアップ企業では、成長に必要なよい評判（Reputation）が足りません。しかし、評判というものは広告のようにお金で買うことは

できません。**よい評判を築くには、企業が持つコミュニケーション能力、つまりは広報PRの力を磨くことが重要**になります。

　パナソニックの創業者・松下幸之助氏が、よい評判はお金では買えないが、広報PRでなら改善できると述べたことがあるのを第1章で紹介しました。

　同氏が晩年に力を入れた出版活動も、こうした考えや理念を具体化したものだったのかもしれません。

　またソフトバンクの孫正義社長も創業当初から、広報PR活動を企業成長のエンジンとして重要視してきたように思えます。

　孫社長は重要なサービスの発表時には必ずマスメディアの記者を大量に呼んで、ヘッドセットマイクを頭部につけて巨大なスクリーンの前でプレゼンをします。その内容にも周到な準備がされていて、そこから多数の情報露出を生んでいます。

　楽天の三木谷社長や、サイバーエージェントの藤田社長も同じスタイルです。

　「巨大スクリーンの前でのプレゼン」というスタイルでの情報発信は、もともとはアメリカのスタートアップ企業の経営者らが始めたものです。アップルのスティーブ・ジョブズが生前に行っていた黒いTシャツでのプレゼンなど、世界のIT企業に共通するいわば「業界風土」になっています。

　最初は広告を使わずに（つまり、経費をあまりかけずに）自社サービスを世のなかに広げるための工夫だったのでしょう。いまは巨大になった日本のIT企業も、こうしたスタイルを踏襲して、**企業が成長していく途中の戦略的なターニングポイントで、マスメディア向けの広報PR戦略を展開してきた**と捉えることが可能です。

　このほか、アパレル企業であるファーストリテイリングの柳井会長も、自

社を「ファブリック企業」であると同時に「情報発信企業」であると認識している、とあるセミナーで話しているのを聞いたことがあります。

広報PRが企業活動のハブになる

こうした名だたる成長企業はそれぞれにベストなタイミングで、マスメディア向けの広報PRを戦略的に打ち出すことによって、自社の商品やサービスを瞬く間に世のなかの「関心ごと」や「自分ごと」に変えてきました。当然、それらの会社のイメージも高まりました。

さらに経営者や企業のストーリーを顧客と共有していくことで、一部の顧客はより熱狂的なファンに変化しました。

顧客をファン化して、自社との相互の信頼感を育みながら、コミュニケーションを深めて潜在的なニーズを顕在化していく──近年、広報PRは、そういった経営の根幹に位置する活動になってきているのです。

加えてローリスクかつ短期間で行え、広告費も大幅に削減できます。

日本経済の成長を担ってきた名経営者ほど、広報PRのこうしたメリットを熟知し、戦略的に活用してきました。みなさんの会社もより大きく、より早く成長したいのであれば、広報PRという武器を戦略的に経営に取り入れるべきでしょう。

企業の成長ステージごとに
とるべき戦略は大きく変わる

　企業や店舗の問題／課題は、その企業や店舗が成長のどのステージにあるのかによっても大きく変わってきます。

　となれば、**広報PRをどう活用するのかの戦略も、企業のステージによって変わってきます**。具体的な実行プランや計画、想定される課題が変化するからです。

　ここでは、あなたの会社やお店の広報PR戦略を実際につくっていく前に、企業の成長ステージごとにどのような問題や課題が生じがちなのか、さらには広報PRという手段でどのようにしてそれらを解決していけばよいのか、おおよその目安を提示しておきます。読者のみなさんは自社や自店のケースに当てはめて、イメージしてみてください。

ステージ1　シーズ・ステージ（起業前後）

　シーズ（種）から起業までの段階は、企業がたどることになる歴史のなかでももっともスリリングな時期で、常に不安とリスクがつきまといます。資金力や経験にも乏しく、社員数もさほど多くありません。社長を含めて、幹部が数人しかいないような状態がほとんどです。

　しかし毎日が新鮮で仕事も面白く、この段階でロケットスタートを決められれば、一気に成長軌道に入ることも夢ではないでしょう。希望に満ちあふれた時期でもあります。

　とはいえ、実際には夢をかなえられないまま消えていく企業のほうが圧

倒的に多く、このステージでの経営リスクを「デスバレー（死の谷）」など
と表現することもあります。最初の死の谷に呑み込まれなかった企業だけ
が、その後の成長への道を歩み続けることを許されるのです。

　この最初の成長ステージでは、とにかく会社に資金がありません。専任
の広報PR担当者を置く余裕もないでしょう。
　そこで、**広報PRの活動は創業社長みずからが陣頭指揮をとって、地道に
行っていく必要があります。** 競合企業と差別化するための商品設計の段階
はもちろん、プレスリリースの作成や実際の配布、メディア関係者へのア
ポとりやメディアキャラバンなど、メディアと直に顔を合わせる広報PR
の実務まで社長が指揮を執るのです。
　**経営者に既存のメディア人脈があれば、それらを最大限に活用すべきな
のも**この時期です。メディアの担当者も以前からの知り合いに頼まれれば、
所属先のメディアでできるだけ情報露出が実現するよう協力してくれる
ケースが多いからです。
　また、**今後自社で行っていく広報PR戦略の「土台」として、ある種の
「フォーマット」を設定する意識を持つ**ことも重要です。

　　＊類似商品との差別化を、まずはどのように図っていくか
　　＊どのような文脈（コンテクスト）で、どの潜在顧客に情報を届けるか
　　＊どのようなオンリーワン（独自性）やイメージ戦略を打ち出すか
　　＊どのメディアでの情報露出を狙っていくか
　　＊どのような形で、どれくらいの頻度でプレスリリースを出すか
　　＊何を当面の目的として広報PR活動を行っていくか　など

　場合によっては外部のブレーンも活用しつつ、自社の広報PR活動の基
礎的な型を組み上げてください。

この時期に獲得できた自社情報の露出は、その後のスケール（営業規模）の拡大や、資金調達の際にも大きな足がかりになるでしょう。

ステージ2　アーリー・ステージ

PRすべきサービスや商材が完成し、自社の価値が徐々に社会に認められていく時期です。もっとも夢や野心が広がる時期でもあります。

こうしたアーリー・ステージ、いわば「立ち上げ期」には、人材難が大きな課題になりがちです。広報PRはもちろん、さまざまな経営課題や営業活動に関連したタスクがどんどん増えて、社長や幹部だけでは対応しきれなくなるためです。

かと言って、仕組み化や社員の教育に割く時間もそうそうありません。

そうした場合には、**優秀な広報PR担当者をひとりだけ採用し、広報PRをうまく経営戦略に組み込みながら、レバレッジをかけて事業を拡大していく**手法をお勧めします。

優秀な広報PR担当者がひとりいれば、経営者の便利な参謀役となって、事業ごとのプレスリリースをまとめたり、投資家や金融機関へ提示する**ファクトブック**（自社の財務指標や経営指標、取引事例などの事実を図表を用いてわかりやすく掲載した資料）を作成したり、メディアに提供する報道資料を準備したりしてくれます。

それだけでも経営者や幹部社員の負担は大幅に減るでしょう。

アーリー・ステージで採用する最初の広報PR担当者には、このほかにも記者クラブとの外部リレーションの構築、問題解決のためのKPIシート（特に注意すべき指標をまとめた資料。KPIはKey Performance Indicator「重要業績評価指標」の略）の作成、自社独自のPRストーリーの構築、トレンドを先どりした情報クリエイティブの作成などを、**本当の意味でゼロから組み上げ**

ていくことが求められます。そのため相応の実力はもちろん、**経営者や幹部社員と同調できる起業家マインドやスピリットも求められる**でしょう。

　将来の幹部社員の地位を約束して経験者をリクルートするのがお勧めですが、なかなかそれだけの人材は見つからない場合も多いので、**もともとの幹部社員のひとりを戦略的な広報PR業務の専任担当者とし、外部の研修やPR会社も活用しながら「初代の広報PR部長」として育てていく、という方法でもよいと思います。**

ステージ3　ディベロップメント・ステージ（拡大期）

　ビジネスの大枠が固まり、信用度や知名度がアップするとともに、大口のクライアントが増えてくるのがこの時期となります。

　この段階ではほとんどの企業がすでに専任の広報PR担当者を置くか、あるいは広報部などを設置し、社内外のコミュニケーションを円滑にとるためのシステム化を行っています。あるいは、少なくともその必要性を考え始めているでしょう。

　この段階でいまだ社内に広報PRの専門知識を持つ人材がいなければ、積極的に外部ブレーンに依頼したり、同時並行で採用をかけたりすることで、高度な専門技能を身につけた人材を社内に獲得することを目指しましょう。

　この時期、広報PRはさらなる成長へのブレイクスルーとなることがよくあるからです。

　またこのディベロップメント・ステージでは、各メディアの花形番組への露出を積極的に狙っていきます。

　特にテレビの「**カンブリア宮殿**」「**ガイアの夜明け**」「**ワールドビジネスサテライト**」という三大経済番組（本書執筆時点）のどれか、あるいは複数に露出できれば、一気に知名度を上げ、その後の事業拡大に有利な環境を生

み出すことが可能です。

これらの番組も勢いのある急成長企業を追いたいと考えていますから、双方のニーズがマッチし、事業規模や年商に関係なく意外と露出が決まりやすいという裏事情もあります。

本章の冒頭に紹介したように、いまでは大企業となっている「かつての急成長企業」も、そのブレイクスルーのきっかけには往々にして広報PR施策の成功がありました。

みなさんの会社でもそうした飛躍を狙って、ディベロップメント・ステージでは特に、**一般への影響力が大きいテレビメディアにおける長尺での露出**と、**他メディアへの影響力や権威性を有する新聞メディア、歴史のあるビジネス系雑誌メディアへの露出**を計画的に実現してください。

この３メディアでの大きな露出は、採用や対外的な信用の面でも絶大なパワーを持ちます。

具体的には先述したテレビの三大経済番組のほか、新聞では「日本経済新聞」の本紙と「日本産業新聞」、雑誌では「プレジデント」「週刊ダイヤモンド」「週刊東洋経済」の三大ビジネス誌への露出を優先することで、一気に事業が拡大するケースがあります。

また小売業や飲食店であれば、同時に「王様のブランチ」などの情報番組や、流通経済系の「日経MJ」、あるいはウェブメディアの「Yahoo!ニュース」などを早めに押さえていくと、その後の成長にはずみをつけられます。

ステージ4 アーリー・ミドル・ステージ （安定期）

会社の規模が拡大して、社員も大勢雇用していくステージです。

組織の拡大により社内のコミュニケーションに課題が生じ、**社内報など**

を活用したトップダウンでの意思疎通の強化が必要となります。

　内外の情勢の変化に合わせた、**創業当初からの広報PR戦略の抜本的な見直しが必要となる時期**でもあります。見直しを受けて会社全体でのリブランディングや、ウェブサイトの刷新などを行うケースも多いでしょう。

　さらには担当者の急な退職や、育休の取得による広報PR部門の機能低下が起こりやすい時期でもあります。そうした意味でも、これまでの広報PR業務をゼロから再構築しなければならない状況に追い込まれることが多いと言えます。

　できる広報PRパーソンはコミュニケーション能力が高く、活動的で社交性に富みます。一方ではよい意味で自立心が旺盛で、飽きやすく、ひとつの場所に留まるのが苦手です。

　非常に成長意欲が高いため、企業がミドル・ステージに入って業務内容がよく言えば安定化、悪く言えばマンネリ化してくると、そのタイミングで転職してしまう可能性が高いのです。

　こうした人材の流動化で会社の広報PR機能が低下することをできるだけ避けるため、この時期には**属人的なノウハウを組織のノウハウへと変えていく取り組み**も求められます。

ステージ5　レイト・ミドル・ステージ（成熟期）

　企業の業績が安定し、さらにその状態が長期化していくと、創業メンバーの入れ替えが連続的に起こってきます。すでに成功しある程度「成し遂げた」感覚のある幹部社員が引退し、次世代へのバトンタッチが行われていくのです。場合によっては創業社長から二代目社長への代替わりが発生することもあります。

　この段階での広報PRでは、**創業社長の「ビジョン」や「想い」、「なんの**

ために会社をつくったのか」といった、その企業の存在価値や社会意義の明文化が非常に大切です。

そうしたメッセージを広報PRの文面にも活かすことで、ともすれば停滞し始めた組織が初心を取り戻す助けにもなりますし、社外のステークホルダーや顧客、ファンなどに対しても、自社の存在感を改めて意識させるような広報PR施策を打ち出せるようになります。

新しい情報発信や試みがしにくくなっていることも多いので、そうした環境を打破するために、**広報PR担当者みずからが率先して、チャレンジングでイノベーティブな広報PR活動を行う**ことが求められるでしょう。

ステージ6　プレ・エクイティ・ステージ（株式上場前）

さらに順調に事業が拡大していくと、ベンチャーキャピタルや金融機関等から資金調達をして、上場を目指す機会が訪れることもあります（スピード上場の場合には、途中のいくつかのステージを飛ばすことも多いです）。

私は外部役員やコンサルタントとして、こうした上場直前期の企業の広報PRに何度も携わった経験があり、その数は30近くにもなります。

上場直前期の広報PRは非常にアクティブで、まるでジェットコースターのようにめまぐるしく周りの景色が変わっていきます。この段階での広報PR業務には、専門のPRコンサルタントや危機管理広報業者の助力が必要になるほど、プロフェッショナル性が求められます。

そのため現実的には、これらの外部ブレーンの助言を得ながら、自社がこれまで培った広報PR能力をフル活用して、上場に向けた営業数字の維持・改善をサポートするのが基本になります。

会社としても、広報PR担当者個人としても、経験や人脈、スキルを一気に伸ばせるまれな機会です。もしそうした機会に恵まれたならば、なんとしても食らいついていきましょう。

また「自社に適したメディアはどれか？」「露出を減らしても問題がない、自社にとって価値のない媒体はどれか？」「経営者の名前を知ってもらうためのベストの方法は何か？」といった**媒体研究や他社研究**、SNSサイトの運営やコンテンツサイト（自社オウンドメディア）を活用した**戦略的な顧客リレーション**についても考えていきます。

この時期にはサービスや商品にオンリーワン性やイノベーティブな要素があれば、メディアは向こうからやって来ます。これを機に「自社が所属する業界担当の記者の名前は？」「どのようなジャンルの、どのような記事を書いているのか？」「どのような情報を欲しているのか？」といったメディア側の情報を、日々の業務のなかで媒体ごとに確認するようにし、上場前後の活動に備えるようにも心がけましょう。

ステージ7 エクイティ・ステージ（上場後）

株式市場に上場して、業界を代表する企業にまで成長できた場合には、メディアとのコミュニケーションそのものは非常にやりやすくなります。

この段階での広報PRの施策は、企業が安定して成長するための「武器」としての役割を少しずつ終え、むしろ「安定剤」としての働きが大きくなるでしょう。

加えて、よりウェイトが大きくなるのが**危機管理広報**です。

自社に不測の事態が起こってから対処法を探すのでは不十分です。広報PR部門の役割として事前に各種の対応マニュアルを整備しておくほか、リスクの洗い出しと対応手段の検討、緊急事態が起こった場合のメディア対応や記者会見のセッティングなどを守備範囲にしていかなければなりません。

万が一、大きなリスクが発生した場合には、すぐに対策室を設けて、ベストな受け答えがまとめられたＱ＆Ａシートの原稿を練り、真摯な態度で

「事実」を伝えることに徹していきます。

　このように**自社が企業の成長段階のどこにいるかによっても、目指すべき広報PR戦略の姿は大きく変わります。**それを踏まえたうえで、今後の広報PRの戦略や計画を考えていきましょう。

４段階で分けたときの戦略ポイント

　企業の成長段階を7つではなく4つに分けた場合に、それぞれの段階で広報PR戦略が目指すべきものも以下にまとめておきました。こちらも確認しておいてください。

設立前後 ：テレビ露出を中心に、ビジネスモデルの優位性や社長のキャラクターを前面に打ち出してPRする

成長期　 ：競合調査をしっかりと行いながら、市場優位性を文脈に落とし込んで戦略的なPRを行う

成熟期　 ：広報部門の刷新を図りながら、デジタルマーケティングとの連携でより効果的で質の高い露出を図る

上場前後 ：圧倒的なパフォーマンスでテレビ・新聞を面で支配する。スピードと人海戦術が求められる

成長ステージごとの具体的な活用成功事例

　成長ステージ別の広報PR戦略や実際の対応上のポイントについて、世のなかに広く知られている過去のケーススタディや一般的な成功事例をいくつか紹介しておきます。みなさんの会社でも参考になる部分があるはずです。

事例1　１年で日本中に広まった「ダニ専用掃除機レイコップ」

　これはシーズ・ステージからアーリー・ステージにかけてのスタートアップ企業での事例です。

　世界中に販路を持つ家電メーカー、レイコップは、日本でも現地法人のレイコップ・ジャパンを2012年に立ち上げました。純粋な意味でのスタートアップではありませんが、当初は日本での知名度は低く、新規起業に近い事例と捉えていいでしょう。

　実際に日本法人設立当初は広告・宣伝を中心に販促展開をしていたのですが、売上を伸ばすのに苦しんでいました。

　ふとんに掃除機をかける文化がない日本では、広告・宣伝だけでは早期に購買へとつながるアクションに結びつけるのが困難だと気づいた同社は、当時の優秀なマーケティングプランナーがPRファーストへと戦略を切り替えます。私の会社にご相談があったのはその時期でした。

　その後、私たちも協力して、ブランディングと広報PRの戦略をゼロか

ら構築し直しました。

　日本ではスタートアップに等しいと意識を切り替え、まずは認知を拡大するためのストーリーを創出して、少しずつメディアへの浸透を広げていく戦略をとったのです。

　結果、当時話題になっていた「家電芸人」のテレビ番組や、日本経済新聞などで紹介されることに成功し、子どものダニアレルギーを心配した祖父母からのプレゼントといったそれまでにはなかった用途や使い方も評判になって一気にブームと化しました。

事例2　「ミドリムシが世界を救う」の コンセプトでブランディングした ユーグレナ社

　拡大期にあたるディベロップメント・ステージでの広報PRの成功事例です。

　バイオ素材としてのミドリムシの普及を目指す企業、ユーグレナ社では、創業以来順調に売上を伸ばしてきたものの、世界に通用する企業となるためのコンセプト・メイキングを課題としていました。

　当時、セミナーでお会いした代表の出雲社長は、従来とは異なる広報PR戦略が必要になることを認識していました。同時に今後の世界戦略も見据えて、広報PRの専門知識を持つ人材の補強なども行っていました。

　このとき同社が最優先で構築したのが、人々に発信すべき文脈（コンテクスト）です。

　経営トップも交えた社内での議論を通じ、世論を引っ張る存在である一般の生活者／消費者や、以前からのステークホルダーすべてに共感を持ってもらえるようなコンセプトを文章主体で検討しました。このコンセプトは市場での優位性も発揮できなくてはなりません。

　そうした検討のなかから生まれたのが、「**ミドリムシが世界を救う**」とい

うフレーズであり、コンセプトでした。

　短い文章ですが、ユーグレナ社の存在意義をズバリと表現しているとともに、初めて目にした一般の方には「どういう意味だろう？」と興味を引き立てることができる秀逸なコンセプトです。

　こうした優れたコンセプトは、そのまま競争力のある広報PR戦略の土台にできます。このコンセプトから、物語を主体としたストーリーPRを展開し、各種メディアにおける花形番組での露出を獲得していきました。

　ミドリムシをバイオ素材として利用し、それによって世界のエネルギー危機や食糧危機を救うという同社の活動は、メディアとしても目新しく、取り上げやすい性格のものだったことから、さまざまな番組や媒体での露出を獲得。同社の活動は広く一般の人にまで知られることになり、世界戦略までを見据えた拡大期でのブレイクスルーの実現に成功しました。

事例3　1か月で日本全国にバズった！ショウワノート社の「ジャポニカ学習帳」

　次はレイト・ミドル・ステージに相当する成熟期の広報PR戦略の成功事例です。**この成長ステージでは、広報PR戦略の刷新と、デジタルPRとの連携がよい成果を生み出します。**

　ショウワノート社は、1947年創業の歴史ある企業。すでに成長ステージとしては安定期に入っていると評価しても差し支えないでしょう。

　同社は広報PR戦略の刷新を意図し、コーポレート・イメージのリブランディングに取り組みました。その目玉のひとつが、周年イベントのタイミングであの「ジャポニカ学習帳」の表紙を大きく変更したこと。

　ジャポニカ学習帳の表紙写真には従来、昆虫が採用されることが多かったのですが、購入者であるお母さん方から、一部の子どもが「昆虫の表紙を怖がる」という意見を多く受けるようになっていたため、花の写真やイ

ラストに切り替えたのです。背景には都市化が進んで昆虫と子どもが触れ合う機会が減少しているという現実もありました。

　私たちの世代ではあまりに当たり前の「ジャポニカの昆虫表紙」。むしろ愛着すらありました。それが時代や消費者ニーズの変化によって大きく変わる。このギャップにはメディアが注目するかもしれないと考え、時代背景の客観情報などとともにマスコミ各社に一斉にプレスリリースを送付しました。

　バズ・マーケティングを意識し、マスメディアだけでなく各種のウェブメディアにも情報提供を行います。

　すると、瞬く間にテレビや新聞に露出を獲得。最終的には30を超えるニュース番組や情報バラエティ番組に取り上げられました。同時にウェブ上でも広く話題を呼び、TwitterなどのSNSでも大きなバズを起こすことに成功しました。

　看板商品での思い切ったリニューアルを題材に広報PRを大々的に実施、デジタルPRともかけ合わせることで大きな成果を得た事例です。

　ちなみにジャポニカ学習帳の表紙写真を巡っては、その後、一部に昆虫写真を復活させることとなり、そのときのリリースでも再び多くの情報露出を獲得することに成功しています。

事例4　上場3年前から支援した「飲食店の雄」バルビバーニ社

　2015年10月に東京証券取引所のマザーズ市場に上場したバルビバーニ社では、上場の3年前から私たちの会社で広報PR業務を支援させてもらいました。上場前後のプレ・エクイティ・ステージでの成功事例です。

　同社では多くの上場準備企業と同じように、上場のための事業スケールの拡大が求められていました。そのため売上の伸びを支えられる広報PR

体制の構築も急務となっていました。

　社内でもその必要性は認識されており、人員や予算などの面で体制は強化されていました。しかしさらなる広報PR戦略の構築と、各種のプロモーション施策に貢献してくれるメディア露出の獲得、またデジタルマーケティングの環境づくりなどには、まだまだ課題が残っている状況でした。

　そこで代表の佐藤氏から直々の指示を受けた直轄チームと、当時の同社の広報PR部門とが二人三脚で情報コンテンツを作成。広報PR部門が多忙で手の回らないメディアにも1件1件きめ細かくアプローチを行いました。特にテレビ局へのメディアキャラバンは手厚く実施しています。

　結果、「ワールドビジネスサテライト」「ガイアの夜明け」「カンブリア宮殿」という三大経済番組への露出を実現し、急成長で話題の企業というメディアブランドを維持したまま、上場へとつなげることに成功しました。

　その過程ではデジタルマーケティングにも積極的に取り組み、同社のスタッフも上場企業の広報PRパーソンとして相応の実力を身につけることができたようです。

　今後は上場後のエクイティ・ステージで求められる危機管理広報などのノウハウを、専門の外部コンサルティング会社などから吸収し、さらに成長を続けていくのだろうと思っています。

戦略策定の際に意識すべき 3つのフレームワーク

　前節や前々説で紹介したような成長ステージごとの違いを意識しつつ、自社に合った広報PR戦略を策定していきましょう。このとき以下の3つのフレームワークを意識すると、戦略の策定がしやすくなります。

＊デジタルPRを実現できる体制の構築
＊トータルインテグレーション能力の獲得
＊コンテンツマーケティングとの連携

PRソリューション・フレームワーク

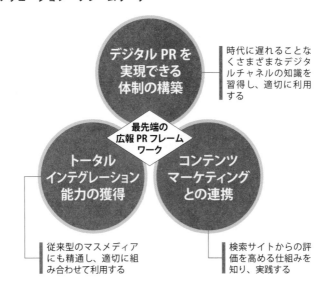

私はこのフレームワークのことを「PRソリューション・フレームワーク」と呼んでいます。順に解説していきましょう。

デジタルPRを実現できる体制の構築

　現在の広報PRでは、既存のメディアに加えて各種のウェブメディアを巻き込みながら、自社サイトへの流入や問い合わせ（コンバージョン）につなげる**デジタルPR**、あるいは**デジタルマーケティング**の実行環境を整備することが欠かせません。以下のようなさまざまなデジタルチャネルを意識しつつ、戦略を練っていくことが必須となっています。

* 自社のコーポレートサイト
* ウェブ上の各種情報メディア
* FacebookやTwitter、Instagramなどの公式SNSの運用
* YouTube公式チャンネルなどの動画チャネル
* 公式ブログ
* オウンドメディア
  （自社で運営するニュースサイトのことで、公式ブログをその内部に取り込むこともあります。記事を集積することでコンテンツマーケティングやSEO対策にもつなげられます）
* その他、そのときどきで人気があるアプリ　など

　こうしたデジタルPRのためのチャネルの知識は、ネット上でのバズ・マーケティングを行おうとする際にはもはや欠かせません。
　ただ必ずしもすべてを自社で用意する必要はありませんから、社内のデジタルネイティブ世代の意見なども参考に取捨選択し、自社で運用するのは必要なものだけに限るようにしましょう。

なお、デジタルPRが近年重要になってきている理由としては、以下の5つが挙げられるでしょう。

(1) オールドメディアの衰退

　まずは消費者が影響を受けるメディアが、この十数年で大きく変わってきたことが挙げられます。

　2000〜2010年ごろまでは、テレビで放映されるドラマやバラエティ番組、CMなどについて、まだほとんどの消費者が関心を持っていました。新聞を購読している世帯も多かったため、その影響力だけでモノやサービスを売っていくことができました。

　しかしながら、いまや人々の関心は完全にネットメディアやSNS、動画などで人気のコンテンツへと移り変わっています。**常に手元にあるスマホで楽しめるコンテンツへと、興味の対象が移った**のです。

　テレビですら従来の地上波の影響力が落ちるのと同時に、Netflixや AmazonPrimeなどのサブスク型（定期購読型）サービスの影響力が増大しています。

　新聞の購読者数は年々減少を続け、総発行部数はピークの1997年から3割以上も減少。

　雑誌に至っては2000年代に入って以降、総売上がピークの半分以下にまで急減しています。

　情報過多、コンテンツ過多と言われるようになって久しい現代、人々の目や耳、そして可処分時間は、ネットコンテンツに多くをとられ、テレビや新聞といったオールドメディアは情報の受け手を失いつつあるのです。

　そうしたオールドメディアの衰退を受けて、逆に情報の受け手が増え続けているデジタルチャネルを通じた広報PRやマーケティングへ注力しようとする企業が増えるのは、ある意味で当然のことでしょう。

(2) 費用対効果の問題

　ふたつ目は、旧来の広告・宣伝を主体としたプロモーションの費用対効果の問題です。

　地上波キー局で全国テレビCMを打てば、最低でも4,000万円程度はかかります。また**読売・朝日・毎日・日経・産経の五大新聞のいずれかに全面広告を出せば、最低500万円程度はかかります。**このように知名度の高いマスメディアを動かすとなると、かなり大きなコストが発生します。最近では値崩れしている媒体もありますが、それでもそれなりの費用が必要になることは変わりません。

　一方で上述のようにオールドメディアの影響力は徐々に減っているため、そこでの宣伝効果も少しずつ小さくなっています。加えてテレビリモコンに搭載されたCMスキップ機能（15秒や30秒単位でのスキップ機能）や、新聞のデジタル化など、そもそも狙ったターゲットに本当にリーチしているのか、わかりにくくなる変化も多数生じています。

　それに比べて、**安価な広報PRの手法、特にデジタル分野での広報PRで首尾よく成功を収めれば、従来の宣伝や広告とは比べものにならないほどリーズナブルに、10倍、場合によっては50倍以上の効果を生み出すことも十分に可能**な状況が生まれています。

　実際、著名なインフルエンサーやYahoo!ニュースで紹介された翌日に、お店の前に2時間待ちの行列ができたとか、アクセスが集中しすぎてサーバーがダウンした、といった嘘のような現実が実際に起こっている場面に、私は何度も立ち合ってきました。

　それだけでなく、前述したように広報PRなら、イメージアップによる採用活動への波及効果や、信用力や権威性が上がることによる対面営業力の強化、従業員のロイヤリティやモチベーションのアップなどにつながる可能性もあります。

　広告の出稿ではこうはいきません。しかもウェブメディアの場合は、露

出実績がネット上にアーカイブされるため、持続的な波及効果も期待できるわけです。費用対効果をシビアに判断したとき、少しずつデジタルPRのウェイトが増えてくるのは、これまた当然のことなのです。

（3）スモールスタートが可能

広告を主体としたプロモーションの場合、上述のように最初からある程度の予算が必要となります。もし消費者が首尾よく動いてくれなければ、元がとれないどころか大赤字です。

実際に新聞広告や折り込みチラシを中心にクライアントからの出稿が減っている大きな要因のひとつは、赤字の事例が増えてきた、というところにあるのだそうです。

一方で広報PRは安くあげられます。**しかもデジタルPRならば、初期費用を極限まで切り詰めることも可能**です（ただし、デジタルPRでもきちんと体制を整備しようとすればそれなりの金額が必要になりますし、ランニングコストなどもかかってきます。「デジタルPR＝低リスク」ということでは必ずしもありませんから注意してください）。結果として、身の丈に合った**スモールスタート**が可能になるのです。

最初はテスト的な取り組みから始めて、「メディアが興味を示す情報」や「消費者を動かす文脈」を見つけたら、それをテコに活動内容を広げていったり、リアルな広告やオールドメディアでの情報露出に合わせて、デジタルPRをタイミングよく展開していったりするのが王道です。

その途中で何か失敗したとしても、スモールスタートですから損害は限定的ですし、失敗を踏まえたうえでまた新しい施策を打ち出していけばいいだけです。

このようなやり方で**成功体験を積みつつ、少しずつ投入する予算を増やしていき、規模を大きくしていく「スモール→スケール」という戦術が実践できるのもデジタルPRの強み**であり、近年注目されている理由のひとつに

なっています。

(4) 消費者がより小さくコミュニティ化した

「広告が効きにくい時代に、何が生活者を動かしているのか？」

メディアに関わる仕事にいる広報PRの担当者はもちろん、我々のようなPRエージェントやマーケターを含めて、この問いは、誰もがずっと心に留めていることです。

そうしたなか、ひとつだけ確かなことがあります。それは、人々の関心は私たちが思う以上に、SNSやデジタルコンテンツに移行しているということです。

デジタルメディアとソーシャルメディアの普及によって、いわゆるテレビCMや新聞広告、交通広告などのマス広告（オールドメディアでの広告）だけでは、消費者は動かなくなりました。

理由はいくつか考えられますが、そのひとつは消費者が以前よりずっと小さなコミュニティのなかで、購買につながる情報の収集や発信を完結させるようになったからではないでしょうか。

具体的に言えば、消費者発信型のクチコミサイトや比較サイト、あるいはブログ、はたまたFacebookやインスタといったSNS上のコミュニティです。個々の消費者の趣味嗜好に沿って、さまざまなデジタルチャネル上に無数の小さなコミュニティができています。そして10代から20代の若者に至っては、もはやテレビさえ見ずに、こうしたコミュニティ内で日常の情報収集までしています。

実際にこれらの年代では、テレビの視聴時間よりYouTubeなどの動画コンテンツを視聴する時間のほうが多いことを示すデータも複数出てきています。

一方でこうしたスモールコミュニティでは、そのコミュニティの参加者はそこで流れている特有の情報だけに強い興味・関心、ときには愛着や執着と

いったものまで見せることがあります。

　そのため、うまくそうしたスモールコミュニティ内で自社商品の情報露出を実現できれば、実際の購買につながることが多々あるのです。

　こうした背景も、デジタルPRへと注目が集まっている理由のひとつになっています。

(5) 拡散やクチコミでは影響力が最大のメディア

　最後に、ネットメディアやソーシャルメディアといったコンテンツサイトが、クチコミや評価を広げる「バズメディア」あるいは「拡散メディア」としての特徴を持ち始めていることが、デジタルPRが注目される理由として挙げられます。

　デジタルチャネルこそが、より効率的な広報PRはもちろん、売上に直結するマーケティングやセールスの分野でも最大の影響力を持つ分野になってきているのです。

　そのためマーケティングやセールスの部門においても、デジタルPRの効果をより最大化するために、広報PR部門との連携強化が必要だと考えられるようになっています。

　少し長くなりましたが、このような背景があるため、今後の広報PR戦略を考えるうえではデジタルPRの視点を持つことが必要不可欠になっているのです。

トータルインテグレーション能力の獲得

　上述したデジタルPRと、従来型のマスメディアへの広報PRは、いわば車の両輪です。

　デジタルPRについてのメリットを多く述べましたが、デジタルメディ

アは情報を引用や拡散することには長けていても、情報をゼロからつくり出して、新たなコンテンツを生み出す場としてはまだまだ力不足な面があります。従来型のマスメディアにはそうした面ではいまだ一日の長があり、ヒットコンテンツを生み出したときの影響力や拡散力の大きさは決してあなどれません。

　デジタルメディアも、従来のマスメディアも、両方にまたがる総合的なメディアの知識を有したうえで、どのような文脈のコンテンツがどのメディアで受けるのかを考える——このように企業内にある情報素材から、新たなヒットコンテンツを生み出せるのが有能な広報PRパーソンです。

　そのうえで、自社のコンテンツをその内容に適したメディアへタイミングよく伝え、たとえば地方紙／専門誌から全国紙へ、あるいは雑誌からテレビへ、といった縦方向の情報連鎖を生み出すこと。

　同時に動画やSNSなどのデジタルチャネルで拡散を起こすなど、横のつながりを生じさせること。

　こうした縦と横の両方向の働きかけを通じて、網羅的に消費や購入など顧客の「行動喚起」を行っていきます。

　こうした行為を「トータルインテグレーション」と言います。今後の広報PR戦略を考えるときには、最終的には自社内でそうした能力を確保できるようになることも意識してみましょう。

　またそうした力がつけば、あるコンテンツを世のなかに広めたいというニーズが発生したとき、他部署からその依頼を請け負い、目的に適したメディアでの露出をタイミングよく獲得してくる「メディアレップ能力」についても磨くことができるはずです。

コンテンツマーケティングとの連携

　Googleなどの検索サイトは、検索結果の表示の際に権威性やオリジナル性、網羅性、ユーザーとの親和性の高いサイトから上位表示するようになっています（右図参照）。

　そのためいくらオリジナリティが高い情報であっても、検索サイトから低い評価を受けていると、ネット上ではそもそも存在しないかのように扱われることが多々あります（逆にありきたりの情報であっても、新聞や雑誌系のウェブサイトなどに情報が掲載されると、これらのサイトは検索サイトからの評価が非常に高いのでネット上でも存在感のある情報となります）。

　こうした状況を踏まえ、**今後の広報PR戦略においてはコンテンツマーケティングとの連携の視点を持つことも必要になる**でしょう。

　「コンテンツマーケティング」とは、自社サイトやオウンドメディアに対する検索サイトからの評価が上がるように、質の高いコンテンツを継続的に作成したうえで、それらをアーカイブ（集積）し、見込み客がネット検索をしたときに自社の情報を見つけやすくすることです。

　広報PRでは創出したコンテンツをメディアに露出させて、販促につなげることを第一とします。たとえばメディアに掲載されたのと同じ内容を記事コンテンツに加工して自社のオウンドメディアでも利用し、そこにアーカイブしていけば、検索サイトからの自社サイトの評価を高め、より見込み客や消費者につなげやすくできます。あるいはプレスリリースや各種資料なども、記事コンテンツの作成時に役立てられるでしょう。

　このように**コンテンツマーケティングとの連携の視点も持って広報PR戦略を考えれば、よりレバレッジを効かせた取り組みができる**のです。

検索サイトからの評価を上げようとする際に注意すべきポイントは？

Google が公表している判断基準（E-A-T）

Expertise 専門性	Authorita -tiveness 権威性	Trustwor -thiness 信頼性

Googleの検索品質評価ガイドラインにおいて「ページ品質評価の最重要項目」と定義されている3つの要素。近年の SEO 対策ではもっとも重視すべきポイントになっています

＋

誰も知らない⁉

非公表だが影響している可能性の高い要素

提供 コンテンツ の体系的 網羅性	実体験に 基づく 情報のオリジ ナル性	サイト内 での 滞在時間

経験的にこの3つの要素も、Googleなどの検索サイトからの評価に大きく影響していると思われるため、常に意識するようにしています

目 的 や 社 会 性 か ら 組 み 上 げ て い く

以上3つのフレームワークを意識しつつ、まずは戦略の骨子となる目的や社会性を組み上げまましょう。

そのうえで存在感のある文脈でコンセプトをつくり、消費者とのコミュニケーションデザインを検討します。

さらにPDCAサイクルを回す際の基準となる「目標」「仮説」「指標」なども設定すれば、みなさんにも目下のメディア状況を踏まえた、しっかりとした広報PR戦略が立てられます。

とはいえこれまで広報PRの戦略をつくった経験がない人にとっては、「うまく完成形がイメージできない」という疑問や不安が残るでしょう。初めて戦略プランニングに携わる人のさらなる参考となるよう、次節で「5つのアクション」と「戦略プランニングの9ステップ」を紹介していきます。

広報PR戦略を
誰でもつくれる方法

戦略構築に必須な5つのアクション

これから広報PRの戦略を考えていくにあたり、必ずや次の5つのアクションが必要になることをまず理解してください。

(1) 悩む

戦略策定前の段階では、そもそものゴールやミッションが曖昧な状態ですから、どこから着手すればよいかのプライオリティ（優先順位）が不明確です。決まった正解があるわけでもありません。

そのため**本当に正しい方向に向かっているのか、戦略策定の当事者は何度も悩むことになる**でしょう。

それでも、ある段階で思い切って決断し、一定の方向性へとその後の議論や検討を進めていかなければなりません。

(2) 考える

悩んだ末に一定の方向性が固まったら、ゴールや目的が明確になります。

そうしたら、次は**常にその目的やゴールを意識しつつ、それを達成するために何が必要か、またいつまでに、どのようにそれを達成するのか**をひとつずつ考えて決めていきます。

これこそが戦略やシナリオを検討している状態であり、初期の行動です。

（3）調べる

目的やゴールに向かうために何が必要か、またそのための最短のプロセスはどこにあるのかを検討するには、**先行事例や競合の事例などを調べる**ことが必要になる場合があります。

取り上げられやすいメディアがあるかなど、その他さまざまなデータを調べなければならないこともあるでしょう。

（4）迷う

調べた結果、最善の方法や方向性が明確にわかればベストですが、往々にして目指すべきゴールに対するプロセスはさほど明確ではなく、どのような打ち手が重要か、あるいは緊急かといった判断もつきにくいものです。先ほども述べた「プライオリティ（優先順位）がない状態」です。

そうしたとき、**よく考えながらどちらがいいか迷うプロセス**が生じます。よりよい選択をするための産みの苦しみです。

（5）選ぶ

悩み、考え、迷ったうえで、**調べ上げた選択肢から最善と信じるものを選**びます。

「どこで」「何を」「どのように」が誤解なく伝わるように、５Ｗ１Ｈなども意識して、必要な要素すべてについて選択していきましょう。

この５つのアクションは、必ずしも戦略策定だけに限ったことではありません。これらの行動をすべて行ったうえで決定すると、よりよい内容のアウトプットを行えますから、ぜひ意識しておいてください。

戦略プランニングの9ステップ

　これらを踏まえて、広報PR戦略の目的や課題を洗い出していきます。または、改善したい内容を一定のシナリオに落とし込んでいきます。

　ここでは主に事業コンサルティングの現場で私が実施している、一般的な「戦略プランニングの9ステップ」を紹介しましょう。

戦略プランニングの9ステップ

STEP 1　現状把握
いま起こっている事象を定量的・定性的に分析してデータ化、問題点をあぶり出す

STEP 2　競合（市場）調査
他社がどのような顧客を獲得しているのか、どんな情報発信をしているかなどを調査する

STEP 3　問題分析
現状把握と競合調査の結果を受けて、複雑に見えていたものごとを分解してそれぞれのつながりを理解し、問題解決の道筋を探る

STEP 4　目標の設定
問題解決後の理想像を具体的にイメージし、そこに至るまでの中間目標を置いていく

STEP 5　アクションプランの創出
目標達成に必要な施策と、それぞれの達成時期、目標数値などを決定する

STEP 6　情報発信力の強化
自社のナンバーワン性・オンリーワン性を生み出し、PRの文脈なども考える

STEP 7　オプションプランの準備・発動
事前にいくつか準備し、必要に応じてすぐに発動する

STEP 8　成果の確認
効率性と効果性の向上に着目して、実行した施策の成果を確認する。事前に確認方法も決めておく

STEP 9　PDCAの確認
確認した成果をもとにPDCAサイクルを回し、改善して繰り返す

これらのステップの考え方はシンプルなので、それぞれの段階をあなたの会社や事業部、あるいはこれから始めたいプロジェクトなどに当てはめて考えるだけで、戦略策定時に具体的に何を検討していけばいいのかすっきりと理解できるはずです。

STEP 1　現状把握

最初のステップは現状の把握です。

どれほど理想的な組織でも、あるいは起業したてのスタートアップ企業であっても、問題や課題は必ず存在します。必要に応じて現場担当者へのヒアリングを行いながら、まずはそれらの問題や課題を明確にしていきましょう。

この際には**定性的な評価に加えて、問題を定量的に数値化する**ことも意識してください。いま起こっている事象をデータ化して、問題点をあぶり出すのです。

たとえば単に「売上が足りない」のではなく、「年間の目標金額に〇百万円足りない」というように、具体的な数字で問題・課題を把握できるようにします。

担当者や担当部門の意見だけではうまく現状の把握ができないときには、同時に次のステップの「市場動向や競合の調査」なども行いながら、多角的に問題・課題を把握していきましょう。

【チェックリスト】

□ 現在の課題はなんですか？

□ PRしたいサービス・商品はなんですか？

□ 現状とゴールの乖離を数値化できていますか？

□ スタッフの人数、特性、予算は把握できていますか？

続いて、競合調査を念入りに行います。

広報PR戦略においては、競合からシェアを奪ったり、競合の顧客を自社にスイッチングしたりするのも、自社の売上を伸ばす大切な手法のひとつです。**他社がどのような顧客を獲得しているのか、できる範囲で推測・確認**していきます。

また、せっかく自社が新しい情報を開発しても、似たようなコンテンツをすでにあなたの会社の競合企業が公開していたとしたら、その効果は半減してしまいます。市場での自社への評価が二番煎じになってしまうので、戦略の類似も避けなければなりません。こうしたことにならないよう、**競合の動きをしっかり把握しておく必要がある**のです。

ちなみに広報PR戦略の競合調査では、**他社の商品／サービスのスペックやシェア率**はもちろん、**メディアへの露出状況や自社サイト活用の状況、SNSでの展開手法**なども比較検証することが大切です。

SNSについては、さらにFacebookの運用実績やInstagram、Twitterなどの**フォロワー数、印象的な記事での「いいね！」の数**なども比較します。

加えてどのような文脈やキャッチコピーで顧客とコミュニケーションをしているのか、エクセルなどを使って細かくマッピングしていくといいでしょう。

【チェックリスト】

□ 御社の競合はどこですか？

□ 商品・サービスの価格や性能の違いは？

□ シェア率はきちんと把握できていますか？

□ 競合はどのようなプレスリリースを、どれくらいの頻度で配信していますか？

□ 競合のメディアへの露出状況はどうですか？

□ SNSの活用状況や「いいね！」の数は比較しましたか？

□ 競合はどのような文脈（コンテクスト）を活用していますか？

STEP 3　問題分析

問題分析とは、**現状把握や競合調査の結果を受けて、複雑に見えていたものごとを分解し、それぞれの構成要素間の関係を明らかにするとともに課題解決のポイントを探る**ことです。

このステップで大切になるのが、全体と部分をそれぞれ「市場全体（マス）の目線」「自社の目線」「消費者の目線」という3つの目線で考えてみることです。

アンケートを行ったり、市場調査をしたりするだけでは、本当に有益な情報を得ることはできません。それらの手法で集めた情報を分析して、初めて価値のある情報になるからです。

問題分析を行う際には、視点を変えた客観性を意識しながら、自分なりの仮説を持つようにしていきましょう。

【チェックリスト】

□ あなたの戦う市場における将来的なリスクや課題はありますか？

□ 競合に対するあなたの商品・サービスの課題はなんですか？

□ 消費者との関係性に対する課題はありますか？

□ プロジェクト実施における社内や部門の課題は明確ですか？　人数や予算は足りていますか？

STEP 4　目標の設定

問題分析をして現状の課題を正確に把握したら、いよいよ目標を設定するステップに入ります。

まずは**広報PR戦略を理想的に実施できたあとの世界、あなたが理想とする自社の姿を想像**します。このときにも定性的な文章での表現とともに、数字でその理想像を明確にしてください。それがあなたの「ゴール」となります。

　ゴールが明確になったら、**その理想像を実現するためのアクションを考え、途中にいくつかマイルストーンを置いて**いきます。つまり最終的なゴール達成のための中間地点の確定です。これらのマイルストーンがあなたの「目標」になります。もちろんこれらの目標も数字で具体化します。

　最後に、これらの数値の達成に「3年後までに」などと期日を設定してスケジュールに落とし込めば、広報PR戦略の概略が完成します。

STEP 5　アクションプランの創出

　ゴールや目標を本当に実現するためには、具体的な**アクションプラン**が必要です。

　それぞれの目標の達成に必要な広報PRの行動施策を考え、これらについてもおおよその数字とスケジュールを設定していくのです。

　たとえば新商品のリリースや発表についてのアクションプランなら、リリースや発売のタイミングをまずスケジュール上に置き、それより前に行う施策（たとえばコミュニケーションに用いる文脈の決定、プレスリリースの準備、リリースの送付先リストの作成、イベントの準備など）や、それよりあとに行う施策（たとえば記者会見や発売記念のイベントの実施、広告・宣伝との連動など）を、規模感や日程などとともにスケジュール上にマッピングしていきます。

　もし自社内に複数の広報PR担当スタッフがいるのであれば、それぞれの受け持つ役割もこの段階で明確にしておくとよいでしょう。

　なお広報PR戦略の実施段階における各アクションの詳細については、本書をひととおり読むことでおおよそ把握できるようになります。

STEP 6 情報発信力の強化

　広報PR戦略を推進する際に大切になるのが、**自社ならではのナンバーワン性・オンリーワン性を早い段階から生み出しておく**ことです。

　あるいは**独自性や市場インパクトのあるPR文脈を早期に考える**こと、これに尽きます。

　ナンバーワン性やオンリーワン性、あるいはインパクトのあるPR文脈が早いうちから確立していれば、メディアや消費者の認知を一気に獲得できることもあります。

　広報PRやそれに紐づく情報クリエイティブの肝とも言える部分なので、戦略策定の段階である程度固めてしまうことをお勧めします。

　こうした情報発信力の強化にあたっては、主に次に挙げる3つの考え方のうち、どれかを採用するといいでしょう。

市場優位性に着目する：既存の商品やサービスのうち、競合に対して現に優位なポジションを獲得している商品について、その見せ方や伝え方を工夫することでより一層マーケットシェアを高められる方法がないか考える手法です。

　一例を挙げれば、少々古い事例ですがユニクロの100色フリースなどは、すでにある市場優位性をより高めた情報発信の好例でしょう。

新製品や新サービスを開発する：これまでに市場になかったような商品やサービスの開発を通じて、顧客やメディアへのアプローチを行う考え方です。

　たとえばハウステンボスのロボットホテル（変なホテル）は、開始時にメディアがこぞって取り上げましたが、それは日本でオンリーワンのサービスだったからにほかなりません。また、廃校になった小学校の校舎を水族館にリニューアルしてオープンさせた「むろと廃校水族館」も最近話題の

スポットです。

このようにこれまで市場になかった商品やサービスを新たに開発できれ
ば、大きな情報露出を実現できます。

ただし完全に新規の商品やサービスをつくるのは難しいので、既存のも
のを組み合わせて「新しさ」をつくることも意識してください。

新市場を開拓する：海外や国内での新しい市場展開を通じて、メディアや
ターゲットの興味を喚起する考え方です。

有名なところでは、土屋鞄の大人向けランドセルは多くのメディアに注
目されましたし、男性用のブラジャーなどもこれに当てはまるでしょう。

商品自体は古くからあるものでも、新しい市場を開拓することでインパ
クトやニュース性が生まれるのです。

情報クリエイティブ（情報開発）については第3章でも詳しく解説してい
ます。そちらも参考にしてください。

STEP 7　オプションプランの準備・発動

広報PRのアクションプランを実際に行うと、当初は予想していなかっ
たトラブルに見舞われることがあります。

そうしたときには、実行によって見つかったボトルネックを解消するた
めの「オプションプラン」をすぐに展開し、広報PR戦略を常に改善して
いきます。

通常の広報PR戦略のプランニングでは、この対策のオプションプラン
の作成までは当初の段階では行いません。そのため何か問題が生じると、
最初のシナリオをなんとかそのまま実行しようとして、時間や機会を無駄
にしてしまうことがよくあります。

結果が出ない戦略に時間をかけるのは、非常にもったいない話です。もしかしたら、戦略自体に当初は気づけなかった大きな欠陥があるのかもしれません。現場は絶えず変化していますから、最初は状況に合致していた戦略も、しばらくすると状況に合わなくなってしまうこともあります。あるいは競合があなたの会社の動きを受けて、対抗策を打ってくることもあります（というか、普通は対策に動いてきます）。

　そこで最初の戦略策定の段階から、よくあるトラブルについては対策のオプションプランをいくつか策定しておくことをお勧めします。いわば「プランB」の準備です。

　こうしたオプションプランは、もちろん戦略にもとづいた実践が始まったあとも適宜作成していくべきものです。

　しかし最初から頻出のトラブルについていくつか作成しておけば、実際に問題が生じたとき、スムーズに対策プランの実行に移れます。機会や時間を無駄にしないで済むのです。

　ちなみに私の会社で戦略プランニングをお手伝いする場合には、最初の段階から最低でもA〜Cの3つ程度は対策のオプションプランを用意するようにしています。

STEP 8　成果の確認

　目標達成のためのアクションプラン、あるいは課題への対策のためのオプションプランを実行したあとは、結果と効果の検証もしましょう。

　効果には「効率性（の向上）」と「効果性（の向上）」の2種類があります。

　効率性とは、戦略の実行によって自社、あるいは自部署内の生産性や経営効率、成長スピードなどが上がることです。

　たとえばプレスリリースを作成し続けることで、情報クリエイティブやライティングの能力が向上する、といったことも効率性の向上に当てはま

ります。

　一方の効果性は、売上やホームページのコンバージョン率（問い合わせ率）、ブランドイメージの向上、競合からの乗り換え、ターゲットのファン化（深度）など具体的な数字の変化のことです。

　どちらか一方でも悪くはないのですが、できれば両方とも満たすようにアクションプランを実行していくことが大切です。

　これらの効果を可能な限り測定することも戦略の一部になりますから、**どのような方法で検証をするのかも、プランニングの段階である程度決めておきましょう。**

　広報PRにおいては効果の確認がなかなか難しいことは前述したとおりですが、いくつかの方法は考えられます。最初の段階で検討しておいてください。

STEP 9　PDCAの確認

　成果の確認をしたら、最後にPDCAサイクルに乗せて再びステップ1の「現状把握」に戻ります。

　広報PRでも、基本的にはPDCAサイクルのPlan（計画）→ Do（実行）→ Check（評価）→ Act（改善）の4段階を繰り返すことによって、戦略や計画をスピーディーに改善していきます。

　これにより成功や定着の確率が上がりますから、**経営層が求めるビジョンや成長シナリオに合わせて、最初からPDCAサイクルを意識して戦略策定をするようにしてください。**

　毎月一度は見直しの場を設ける、3か月ごとに経営トップも交えた戦略のフィードバックの場を設けるなど、どのようにPDCAサイクルを回していくかについてもあらかじめ決定しておくのが有効です。

本質は極めてシンプル

広報PRの活動とは、結局は「企業のなりたい理想像や、実現したい商品の売上数字を達成するために、『誰に』『どのタイミングで』『どのメディアで』『どのようなメッセージを』『どのように伝えるか』を計画して、それを実践する活動」です。

海外向け商品であろうが、BtoB市場の商品だろうが、それは変わりません。会社の規模がどうであろうが、また予算が潤沢であろうがカツカツであろうが変わりません。

こうした活動の効果を高めるためには、以下のような一連の行動が必要です。

①現状を細かく分析し

②競合のデータを収集

③そこから市場での勝ちパターンを推測して

④具体的にやることのリストをつくり

⑤そのとおりに実行する

⑥実行したら、うまくできたか、問題がないかチェックして改善する

広報PR戦略とは、この一連の行動を文字や図表、数字などで資料にまとめたものです。本当はすごくシンプルなことを、あえて難しく表現しているだけ、と言えるかもしれませんね。

自社にとっていちばん大切なこと、社会のなかで実現したいミッションや経営理念などがしっかりしていれば、戦略の作成はそんなに難しいことではありません。まずは気ラクに取り組んでみてください。

アクションプランの修正や作成はシンプルな顧客視点で

目的に応じて使い分ける

　戦略を策定したあとの実行フェーズでは、状況に応じてどのアクションプランを実施するのか選択を求められることがあります。すべての状況を事前に予想することはできませんから、想定外の状況では新たなアクションプランの作成が必要になることもあります。

　こうしたときには、新商品の普及を早めたいのか、ブランドへのロイヤリティを高めたいのか、デジタルメディアとうまく連携をとってウェブサイトのコンバージョン率を上げたいのか、あるいは営業の成果に結びつけたいのか、といった形で、**そのときどきの目的に応じて既存のアクションプランを修正しながら作成すると**やりやすいでしょう。

　ただし目的が違えば、とるべき手法や情報露出を目指すメディアなども変わってきますから注意しなければなりません。

身近なところから発想すれば、やるべきこととはすぐわかる

　というと難しく感じるかもしれませんが、**シンプルに顧客視点で考えれば、**それでOK です。

　たとえば最先端のデジタル老眼鏡を売り出したいのであれば、目が悪く

なった年老いた母親にデジタル老眼鏡を勧める息子や娘のことを想像してみましょう。次のような感じです。

* お母さん、こんな老眼鏡があるんだよ。　→商品発表・記者発表
* 老眼鏡をかけないと転んじゃう！　心配だよ！　→リスク喚起
* 孫の顔もちゃんと見られないと悲しいじゃん。　→ニーズ喚起
* 社会的にも、老人が元気になると日本経済もよくなるんだって。
　→社会喚起
* デジタル老眼鏡をかければ、表情がイキイキして明るくなれるよ。
　→PR文脈
* 1回、体験会に行って実際にかけてみようよ。　→キャンペーン
* その老眼鏡に関する情報がネットにあるよ。使い方も紹介しているし、
　怪我する前に見てみてよ。　→デジタルマーケティング
* 文章よりも利用シーンの動画を見るほうが、わかりやすいよね。
　→動画配信・YouTube等

　このように本当にその商品やサービスを使ってほしい、あなたが理想とする一人ひとりのお客様とのコミュニケーション、つまり対話をどう行っていくかを想定します。
　そのうえで考えうる接触ポイントに合わせて、広報PRのアクションを丁寧に組み上げていくのです。

広報PR戦略は商品開発へ
もよい影響を与える

つくり手視点の商品開発から脱却できる

　広報PR戦略によって商品やサービスの完成後の情報拡散プロセスや、顧客のファン化のイメージが先にできていると、そもそもの商品開発の精度やサービスの向上にもよい影響が期待できます。

　この点はこれまであまり指摘されたことがなかったのですが、私のこれまでの経験からも、広報PR戦略を策定することの意外に大きなメリットのひとつなのではないかと感じています。

　マーケティングの分野には、ビジネスを成長させるのに欠かせない「マーケティングの4P」というよく知られたフレームワークがあります。

　①Product（製品）
　②Promotion（販促）
　③Price（価格）
　④Place（流通）

　この4つですね。

　広報PR戦略を策定し、自社が社会に打ち出すメッセージ（PR文脈）や、その実現のために行う具体的なアクションプランなどを明確にしていくと、

当然ながら４Ｐのうちの②Promotion（販促）の部分が具体的になります。

　すると、**実はほかの３つの要素もおおよそ輪郭が見えてくるのです。**

　特に①のProduct（製品）の部分では、自社が社会に打ち出していきたいメッセージが明確になりますから、商品開発（プロダクトデザイン）の際に最終的にどこを目指せばいいのかが明確になります。

　また、つくったあとにどう売るかまで詳しく判明していますから、売り方に合わせた微調整や、メディアに売り込みやすくなるインパクトのある

PRファーストで商品開発をするイメージ

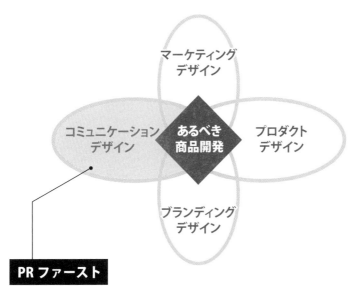

PRファーストの考え方で販促方法（Promotion）から先に決定していくと、
「マーケティングの４Ｐ」におけるその他の要素もおのずと決まってくる

色やデザインの設計なども商品開発の段階からできるようになるのです。

　これは「つくったものをどう売るか考える」というつくり手視点から脱し、「どう売るか、どう世間に知らせていくか」というPR視点での商品開発ができるようになるということです。

　会社の発信したいメッセージに合わせた統一感のあるデザインで、かつより売りやすい形で商品開発ができるようになりますから、中・長期的にも非常に大きなメリットを会社にもたらすと思われます。

　①のProduct（製品）が決まれば、おのずから③のPrice（価格）をどの程度にするかや、④のPlace（流通）をどのチャネルで行うかなども決まってくるため、より早い段階から実際の広報PR施策やマーケティングに取り組めるようにもなります。

　広報PR戦略によるコミュニケーションデザインは、実はプロダクトデザインとも非常に密接な関係があることをぜひ認識しておいてください。

第 3 章

露出を獲得できる
情報開発

効果的な情報開発が
メディア露出のカギになる

　ここからは、いよいよ広報PR業務の実践ノウハウの解説に移っていきます。

新商品の発売情報にニュース価値はない

　広報PRでは、テレビや新聞といったメディアに対し常に"ネタ"を提供していかなければなりません。この場合の"ネタ"とは、ニュースや記事の題材となる情報のことです。

　とはいえ、普通はある程度経験を積み、情報開発のコツをつかんでいないと、こうしたPRのネタは思いつけないとされています。

　実際、多くの新人担当者は、何か目新しい情報はないか……と考えて、結局「当社から○○という新商品が発売されました！」「○月○日から、○○というキャンペーンを開始します！」といった、お決まりのネタばかりをつくることになります。

　こうした**自社の宣伝にすぎないような情報**には、あなたの会社がよほどの**大企業でもなければニュースバリューはなく、メディアに完全に無視されま**す。プレスリリースを送ったとしても、メディアの担当者がちらりとタイトルだけを見て、そのままゴミ箱へ投入、というのが関の山でしょう。

　広告費ももらっていないのに、メディアが一企業の宣伝にすぎない情報を掲載するわけがありません。本当に自社の情報をメディアに露出させたいのであれば、もっと相手をよく知り、相手が興味を引かれるようなネタを、

継続的に開発して提供していく必要があるのです。

ノウハウがわかれば学生でもつくれる

　実は社内外には、もっと魅力的なPRネタをつくるための材料がいくらでも転がっています。

　それに気づくかどうか、どういう切り口で取り上げるか、どう料理してコンテンツにするかがカギであり、広報PR担当者の腕の見せ所です。

　そうした広報PRのネタをつくる業務を、「情報開発」とか「情報クリエイティブ」などと呼びます。

　上述したように、この業務には慣れや経験が必要とされるのが普通です。しかし実は、ある程度のコツや作成ノウハウさえわかっていれば、未経験者や初心者でも対応できます。

　客員教授として私が受け持っている大学の授業で、生徒に本章のノウハウを教えたうえで情報開発に挑戦してもらったところ、多くの学生が十分に実践に使えるレベルのPRネタをつくっていました。**ポイントさえわかれば、決して難しい業務ではない**のです。

　メディアへの具体的な情報発信の前に、本章で公開しているノウハウを参考にして、より魅力的なPRネタのつくり方をマスターしてください。私が長年の経験から築き上げた秘蔵ノウハウばかりです。

　メディアの興味・関心を引きやすいPRネタを自在につくれるようになれば、あとは適切なメディアの担当者に、適切なタイミングでその情報を流すだけです。高い確率で、メディアでの情報露出を勝ち取れるようになるでしょう。

メディア関係者の心理傾向を把握する

　情報開発を始めるにあたっては、PRネタの善し悪しを判断するメディア関係者の考え方についても最低限把握しておくことが求められます。

　彼らには彼らの行動原理や共通する心理傾向がありますから、あらかじめそれらを理解しておくことで、より受け入れられやすいPRネタをつくれるようになります。

　最低限、以下の3つの点は認識しておいてください。

メディアは「宣伝」に使われたくない

　基本的に記者やディレクターなどのメディア関係者は、「**特定の企業や商品、サービスを宣伝するようなことはできないし、したくない**」と考えています。

　情報開発はもちろんのこと、あらゆる広報PR活動をする際には、常にこの点を念頭に置いておかなければなりません。

　メディアは「社会がいま取り組むべき課題」や「（購入してくれた）読者のためになる情報」、あるいは「人々の話題になりそうな内容」を積極的に取り上げたいのであって、特定の企業や商品・サービスに肩入れしたいわけではありません。あくまでも、そうした情報を取り上げる際に、事例などとして商品・サービスを紹介することもありますよ、というスタンスです。

　広報PR活動をしていると、どうしても「自社の商品を宣伝してほしい」

「自社を単独で取り上げてほしい」、あるいは「自社に有利になるように情報を扱ってほしい」といった意識を強く持ってしまいます。そうした情報の露出ができれば社内で最大限の評価を得られるわけですから、そのように考えるのも無理はありません。

しかし、メディア関係者からすれば、そんなことをする義務も義理もないことを忘れてはいけません。

むしろそんなことをすれば、メディア内での自分の評価が落ちますし、視聴者や読者からの信頼も落とすことになってしまうでしょう。

広報PR担当者とメディア関係者では立場がまったく違います。メディアに向けて情報を発信するときには、この違いをしっかり意識しなくてはなりません。

ただの自社や自社商品の宣伝でしかない情報は、即ゴミ箱行きですから送らないようにすること。そのうえで、自社の商品やサービスがいかに社会の役に立つかとか、どのように話題になっているかなど、メディア関係者の考え方を逆手にとった形でPRネタを開発するようにしてください。

メディアのプライドを理解する

前項にも多少関係する内容です。

メディア関係者は一般に、みずからの情報媒体としての働きや、ジャーナリズムの一翼を担っている事実に、**多かれ少なかれ誇りとかプライドといった感情を持っています。**

社会性が高いとされる新聞やテレビの報道番組、一部の週刊誌などではこうした意識が顕著で、それらの媒体の関係者は「社会をよくしたい」という共通理念を持っています。血気盛んな若い現場の記者と会うと、そうした感情があふれて熱気を帯びているように感じることさえあります。

たとえば2019年には、テレビ東京「ガイアの夜明け」で、上場企業の

L社をたまたま取材していた記者によって、会社ぐるみの建築法違反という不正が暴かれました。

こうしたスクープも、やはり記者本人の「社会をよくしたい」という理念から生じたものだったのでしょう。「社会をよりよくするために必要なことは何か?」→「メディアとして真実を追究して、世間に問いたい」とする気持ちが働いたわけです。

こうした人たちにアプローチするわけですから、私たち広報PRに携わる側も、「**いま開発しているこの情報は、社会にどう影響するだろうか?**」という視点を持たなければなりません。

この視点があるかないかで、露出の量はもちろんのこと、質の部分も大きく変わっていくはずです。

現場の記者やディレクターは「稼ぎたい」思考を嫌う

私が知る限り、現場にいるメディア関係者、特に新聞の記者は、「自分たちの媒体を稼がせるために書く」という意識をまったくと言っていいほど持っていません。組織人ではあるのですが、あくまでもジャーナリズムの理論で動いています。

テレビのディレクターになると、自分の担当コーナーの数字が成績表のように分刻みでデータとして残るため、多少は視聴率を気にします。それでもやはり、「よいストーリーや真実を視聴者に届けたい」という使命感に燃えていることが多いです。

そのため、**一般の企業なら当たり前の「儲けたい」「稼ぎたい」「告知したい」「宣伝したい」という思考をあまり理解してくれません。**ともすると拒否反応を示すことさえあります。

広報PRの担当者としては、メディア関係者のこうした心理傾向もきち

んと意識し、PRネタに自社の儲けや稼ぎを露骨に意図した内容を入れるのは避けるべきでしょう。

それよりはPRの本質である「社会との関係性を築く」という方向性を強調した、よりメディア関係者に受ける情報開発をするようにしましょう。

なお雑誌やラジオ、各種のウェブメディア、新聞でも専門誌、経済紙などであれば、この傾向はさほどではありませんので、PRネタの提供先に合わせて情報の中身を微妙に修正したりするのもよい方法だと思います。

8×3のフレームワークで
PRネタの原型を発見する

　自社の情報を把握し、ネタの受け手であるメディア関係者のよくある考え方も最低限把握したら、いよいよ実際にPRネタを開発していきます。

　このとき役立つのが、「8×3のフレームワーク」です。

　これは私が独自に考え出したもので、初・中級者でもPRネタの情報開発に必要な要素をもれなくカバーでき、また広報PRの効果も最大限に高められるものです。

　このフレームワークについては拙著『共感PR　心をくすぐり世のなかを動かす最強法則』（朝日新聞出版）でも詳述していますので、ここでは簡潔にエッセンスをまとめていきます。

8つのポイントで強みやウリを探し、
3つの視点で検証する

「8×3のフレームワーク」を分解すると、以下のふたつの段階に分けられます。

　＊8つのポイントで自社の商品やサービスの強み／ウリを探る
　＊3つの視点で消費者に受け入れられるか検証する

　このうち、特に大切になるのは前半です。

　簡単に解説すると、自分たちがPRしたい商品やサービスの強み／ウリ

がこの８つのうちのどれに該当するか、（１）の「新規性」から（８）の「地域性」まで順番に検証していきます。

それぞれに質問が設定してありますから、その質問に答えていくだけです。それだけで情報が整理されていきます。

またひとつずつ検証することで、あまり情報開発の経験がない方でも、誰でも簡単に行えるというメリットもあります。

このプロセスを経ることで、自社の商品やサービスの強み／ウリを探り出し、さらに「どこが優れているのか？」「他社に比べて優位な点はどこか？」「世のなかを動かすポイントはどこか？」など、その強みを細かい部分まで明確化できます。**こうして発見した強みやウリこそが、最終的なPRネタの原型となる**のです。

早速ご紹介しましょう。まずは８つのポイントです。

（１）新規性

＊自社について、あるいは自社の商品やサービスについて、ナンバーワン、オンリーワンだと言える何かがありますか？

＊それは世界中や日本中、業界内で初めての試みですか？

（２）優位性

＊自社について、あるいは自社の商品やサービスについて、競合や既存の商品・サービスと比べて明らかに違っていたり、優れたりしている（優位性がある）点はどこですか？

（３）意外性

＊自社について、あるいは自社の商品やサービスについて、知人や顧客に話したら「へぇ」と感心されたり、「ホントに⁉」と驚かれたり、「ま

さか、信じられない！ 冗談でしょ⁉」と笑われたりしたことはありますか？

(4) 人間性

＊自社で開発や販売などに深く関わる人、あるいは経営者について、特筆すべきエピソードやストーリーがありますか？

(5) 社会性

＊自社について、あるいは自社の商品やサービスについて、世のなかの流行やトレンドに重ね合わせることで、人々の興味や関心を喚起できるような要素はありますか？

＊自社の情報を「社会ごと」に変えられるキーワードがありますか？本書執筆時点では、たとえば次のようなキーワードが考えられます。

AI／SDGs／ビッグデータ／５G（6G）／音声認識　など

(6) 貢献性

＊自社について、あるいは自社の商品やサービスについて、社会における問題解決に役立つ要素はありませんか？本書執筆時点では、たとえば次のような社会問題が考えられます。

少子高齢化／待機児童／食糧問題　など

(7) 季節性

＊自社について、あるいは自社の商品やサービスについて、季節のイベントや歳時記、民間／公的問わずにすでに制定されている記念日、日にちの語呂などにかけられるテーマはありませんか？

(8) 地域性

* 自社について、あるいは自社の商品やサービスについて、地域限定や、そのエリアならではの特徴はありませんか？

このうち広報PRの現場においてもっともPR効果が高いのが（1）の「新規性」です。

ただし（1）の「新規性」は不動のトップですが、（2）〜（8）は必ずしもこの順番で効果が大きいというわけではありません。タイミングやネタの内容によっても効果の大きさは変わることがあります。

また**複数該当する場合には、強みを組み合わせて情報開発することも可能**です。

実際問題、すべてのケースにおいてもっとも強い「新規性」があるわけではないため、その場合には該当するほかの強みを組み合わせて、露出を獲得できるPRネタを開発していくこともあります。逆に**新規性があるのであれば、それだけでも十分に勝負できる**でしょう。

新規性はトランプのジョーカーのようなものです。ジョーカーがあればそれだけでも勝てますが、ジョーカーがないのなら、それ以外のカードを組み合わせて勝つための情報開発を行う（ツーペアやスリーペアをつくり出す）、というわけです。

こうして8つのポイントでPRネタとして押し出すべき強み／ウリが洗い出せたら、次は以下3つの視点でその強み／ウリをダブルチェックします。そうして、その強みやウリが消費者に本当に求められているのかを検証するのです。

(1) 社会の視点

* その強み／ウリは、本当に社会が求めているものですか？

(2) 人（ターゲット）の視点

＊その強み／ウリはターゲットとなる人に本当にアピールできますか？

(3) メディアの視点

＊その強み／ウリは、本当にメディアが取り上げたくなるようなものですか？

8×3のフレームワーク

8

(1) 新規性
(2) 優位性
(3) 意外性
(4) 人間性
(5) 社会性
(6) 貢献性
(7) 季節性
(8) 地域性

↑
企業視点

✕

3

(1) 社会
(2) 人（ターゲット）
(3) メディア

↑
消費者視点

＝

広報PR施策の効果を最大限に高める！

8つのポイントで自社視点から見た強み／ウリを洗い出したうえで、3つの視点で客観視し、確認します。

　このひと手間が、企業側のひとりよがりを防ぎ、メディアの共感を得やすくし、さらには情報露出後の炎上を防いだりもしてくれます。また消費者の支持を得て、ウェブ上でバズりやすくもしてくれるでしょう。

誰でもPRネタをつくれるようになる

　このように「8×3のフレームワーク」を活用すれば、メディア露出を獲得するだけの力を持ったPRネタの原型、つまりネタとして使える自社や自社商品の強み／ウリを、誰でも発見できるようになります。

　ただしこの原型のままでは、まだ不十分です。**十分なポテンシャルを持った原型を、タイミングや文脈、ストーリーなどでアレンジして、より効果的なPRネタに仕立てていきます。**

　あとはそれらを、のちほど詳述するプレスリリースなどの手段でメディア関係者に届けるだけです。

　これまで漫然と発表していた新商品発売やキャンペーン・セミナーのお知らせなどの情報を、こうした社会性や新規性を重視した効果的なPRネタに切り替えれば、従来よりずっと多くの情報露出を獲得できるようになることは間違いありません。

時代の流れに合わせてアレンジ、タイミングよく打ち出す

「8×3のフレームワーク」で自社の強み／ウリを発見したら、それらをできるだけ効果的なタイミングでメディア関係者にアピールすることも大切です。

なぜならせっかくのPRネタも、アピールするタイミングを間違えると効果的なプロモーションとはならないからです。言い換えれば、情報の露出につながりません。

がんばって洗い出したPRネタの原型を、より効率的・効果的なコンテンツに仕上げるには、時代の流れをつかみ、それに沿ったアレンジを加える、というのが代表的な成功パターンです。

「時代の流れ」なんてどうつかめばいいんだ、と思うかもしれませんが、実はそれほど難しくありません。「8×3のフレームワーク」の（7）季節性とも多少かぶりますが、大きく分けて以下の2種類のイベントを意識するだけで、それなりに「時代の流れ」に乗ったコンテンツに変化させることが可能です。

毎年行われる季節のイベントに引っかける

バレンタインデー、クリスマス、母の日、父の日、お中元、お歳暮、ゴールデンウィーク、エイプリルフール、お盆、衣替え……などなど、1年をとおしてさまざまな季節イベントがやってきます。

これらの季節イベントは、各種のメディアが必ず取り上げるいわゆる「**季節ネタ**」です。

テレビでも毎年必ず「今年はこんな形で母の日を祝っている人がいました」「今年は、お正月を楽しむこんなグッズが発売されています」といったニュースを放送します。

そこで、**可能な限りこれらの季節イベントに自社や自社の商品・サービスを絡ませ、より効果的なPRネタとして仕上げてみましょう。**

そのうえでイベントの少し前に情報を流すようにすれば、より高い確率で情報の露出を実現できるわけです。

その年ならではのイベントに引っかける

東京オリンピック（本書執筆時点では本当に開催されるかかなり怪しくなっていますが……）、消費税増税／減税、大きな商業施設の開業、働き方改革といった庶民の生活にも大きな影響がある法律の施行など、「**その年ならではの大きなイベント**」に自社や自社の商品・サービスを絡めて**PRネタ化する**のも、時代の流れに乗ったコンテンツをつくる際の定番パターンとなっています。

なお、具体的な日時が決まっていなくても、起業ブームや断捨離ブーム、ダイエット方法のブームや流行のお笑いネタなども、「その年ならではのイベント」として扱えます。

こうした「その年ならではのイベント」は、特に短期的には大きなPR効果を発揮することがあります。

一例を挙げます。私の会社で、原宿駅前にオープンしたスペイン雑貨の大型ショップのPRを支援したことがありました。その際、ただ「可愛らしいスペイン雑貨」と謳っても、効果は限定的です。

そこで、いろいろと調べてくれた当社のリサーチャーが、その年が江戸時代から続くスペイン王国との国交開始300周年であることを突き止めました。実際に長崎をはじめ全国各地でも、関連の記念行事が行われていました。

　それを聞いて「これはいける！」と判断した私は、「スペイン国交樹立300周年の今年、日本のインバウンドの玄関口・原宿に、スペイン雑貨の黒船が来訪！」というPRネタを開発し、大々的にメディアへ働きかけました。

　すると、その効果の大きかったこと！　働きかけ開始の翌週には、テレビ3番組での露出がすぐに決まったのです。

　原型となる強みやウリの情報を適当に組み合わせても、露出を獲得できるPRネタやコンテンツはなかなかできません。ある程度は成功のパターンがありますから、それに沿ってコンテンツをつくり込んでいきましょう。

　ここで紹介した「時代の流れ」に絡めて自社や自社商品の強み／ウリを打ち出していく情報のアレンジ法は、いわば鉄板の成功パターンですから、まずはこの手法から挑戦するようにしてください。

　経験者の場合にも、できていないところがないか振り返り、再チェックすることをお勧めします。

　なおこの手法を使うには、常に世間の情報にアンテナを張っておくことも必要です。

さまざまな視点からPRネタを アレンジする

　タイミングや強み／ウリの内容によっては、そのときどきのイベントにうまく絡めたアレンジができないこともあります。そうしたときには、以下に紹介するさまざまな視点でPRネタの原型をアレンジできないか確認してみましょう。

　いずれもメディアでの露出を獲得しやすい「鉄板」のアレンジパターンです。

数値化する

　単純な視点ですが、「8×3のフレームワーク」で見つけ出したPRネタや自社商品のウリを、**客観的な数字で表現する**ことを忘れないでください。

　他社商品と比較したり、自社の過去の商品と比較したり、「東京ドーム○個分」「○○県民と同数」といった形で何か基準になる数字と比較したりするのも有効です。

ヒト・モノ・カネ・情報の4視点

　こちらも「8×3のフレームワーク」と重なるところがありますが、ビジネスでよく言われる「**ヒト・モノ・カネ・情報**」の**4要素に着目する**ことで、PRネタの原型を上手にアレンジできることもあります。

（1）ヒトを起点にする

　会社はヒトがいなければ成り立ちません。広報PRというと、つい商品やサービスなど自社が生み出した「モノ」に注目しがちですが、それらをつくり出した「ヒト」にもさまざまな魅力が詰まっています。

　特に注目すべきは経営トップです。社長や会長などの経営トップは会社の「顔」。トップが語る開発秘話やV字回復のストーリーは、プライベートでもなんでもPRのネタになります。

　それ以外の社員に目を向けてみるのも面白いでしょう。年齢、社歴、所属部署、役割などさまざまな属性で見ていくと、PRのネタとして使えたり、アレンジの材料にできそうな切り口が見つかったりします。

　たとえば子育て中の社員や介護中の社員がいれば、待機児童の問題や高齢化などの社会問題に絡めたアレンジができるかもしれません。

　まったく新しい製品やサービスが登場したとき、それを発案した社員の習慣や、発案のきっかけにフォーカスして、ストーリー性を持たせたPRネタに仕立てるのも王道です。

（2）モノを起点にする

「モノ」があふれている現代、「新しいモノ」という切り口だけでは、残念ながらさほどのインパクトはありません。新しさ以外にも、以下のような切り口で強みやウリを見直してみましょう。

　　＊珍しさはあるか？

　　＊時流に乗っているか？

　　＊他社との競合関係はあるか？

　　＊海外での実績はあるか？

　　＊アワードなどの評価実績や特許はあるか？

　　＊限定感（世界初に限らず、日本初、業界初、部門初などニッチなところでも）は

あるか？

＊おトク感（使える、役立つ、節約できる）はあるか？

＊インスタ映えする、見た目が面白い、ここでしか見られない、などの
ビジュアル面でのユニークさはあるか？

こうした切り口で見ていけば、新商品だけでなくすでに定番となってい
る既存商品でも、新しいアレンジの仕方で効果的なPRネタをつくれるこ
とがあります。

たとえば本書執筆時点では、大昔からある虹色のわたあめが、インスタ
映えを理由にネット上で大きなバズを実現していました。この事例は広報
PRではなく個人のインフルエンサーによるものでしたが、参考になるとこ
ろがあると思います。

（3）カネを起点にする

「お金の話などしたら消費者に嫌がられるじゃないか」と思うかもしれま
せんが、実はそんなことはなく、意外といいネタになります。

自社の経営戦略や事業計画はもちろんのこと、コスト削減のための取り
組みや、生産性を向上させるための取り組みなどは、専門誌やネットメ
ディアのネタとして人気のコンテンツです。

さらに、**カネの切り口をヒトの切り口やモノの切り口とかけ合わせるのも
効果的**です。

たとえば“大きなコスト削減につながったアイデアを思いついたパート
社員”というネタは、時期を問わずテレビや経済誌によく登場します。“一
度は倒産した会社を引き継いだ、孝行娘の二代目社長によるV字回復ス
トーリー”はもはや定番ネタと化しています。また、“会社のひどい経営状
態を知って、一念発起して奮闘した社員たち”というネタも、大手メディ
アに何度も使われている鉄板ネタです。

カネだけだと話が数字や文字ベースだけになってしまい、情報の受け手を選ぶので、**ヒトやモノなどと組み合わせることで、顔が見えて「画が撮れる」PRネタに仕立てる**ように注意すると、よりメディア関係者の好む情報となるでしょう。

(4) 情報を起点にする

情報はヒトやモノ、カネなどと比べると少々イメージしづらいかと思いますが、要は**これまでになかったオンリーワンな情報を自分でつくって、その情報価値を強みやウリに加えてPRネタに仕立てていく方法**です。

たとえば自社の所属する業界の動向や習慣、自社の販売している商品ジャンルの開発動向など、みなさんの会社の本業に関する情報についてなら、まだメディアに載っていない裏側の情報を知っている、というケースは多いのではないでしょうか？

あるいは、専門家の自分たちは当たり前だと思っているけれども、一般の消費者や別業界の人が聞いたら「へえ、そうなんだ」と驚くような情報というのは、どのような業界にもあるはずです。

そうした情報を、自社や自社商品の強み／ウリの紹介を組み込みながら一般向けの紹介情報としてとりまとめてメディアにアピールしていくと、意外と効果的なPRネタになる場合があるのです。

業界の動向を詳しく解説する、という形で発信を行うと、メディアに対して「その業界でのリーディングカンパニー」という印象づけができる場合もあります。

ギャップで強く印象づける

ギャップを使って強みやウリのインパクトをさらに強める方法も、プロがよく利用する手法です。同じ内容でもそこにギャップがあると、人はより

新鮮に感じ、興味を引き立てられるからです。

　たとえば以下のように、もともとの強み／ウリに簡単なギャップを加えるだけでもより印象的な表現に変わります。

　　＊優しい　→　見た目は怖そうなのに、優しい
　　＊真面目　→　派手そうな外見なのに、真面目
　　＊強い　→　小さいけれど、強い
　　＊男性向け　→　女性用に見えるけれど、実は男性向け

　ただし、このときギャップをつけたいあまり「事実（ファクト）」を無視したり、こじつけたりしてはいけません。それでは嘘のPRになってしまうからです。

　場合によっては、きちんとデータを集めたり、科学論文などのエビデンスで裏づけたり、有識者（大学教授や専門家など）のコメントを収集したりして、本当にそこにギャップがあることを証明することも求められます。

　メディアにアピールする際にも、そうしたデータの裏づけがあれば、よりギャップを印象づけることができます。

　また時代のトレンドを感じ取りながら、"いま、打ち出すと面白いギャップ"を常に探すことも大切です。

　具体的にどのようにギャップを探せばよいかは、正直、感覚的なところも大きいのですが、あえて言えば次の4つの方法が考えられるでしょう。

（1）常識を疑ってみる

　ある「世間的な常識」があったとして、それを鵜呑みにしてばかりいてはギャップを探すことはできません。

　自社や自社商品についても、「よく言われているけれど、本当に正しいのかな……」と少しでも疑問に感じることがあったら、それについて即座にリ

サーチする癖をつけてください。

たとえば「タピオカミルクティーが大ブーム！」という情報をメディアで見たとしましょう。そこから、

→実際のところ、どの程度の人が飲んでいるんだろう？

→タピオカミルクティーを扱う店舗はどれくらいあるんだろう？

→ほかの商品にも水平展開できないかな？

といった感じで、自分なりに常識を疑う思考を巡らせ、それぞれの疑問について簡単にネット検索でリサーチします。

こうした考えはすぐに忘れてしまいますから、メモをとったり、リサーチ結果を印刷したりしておくこともお勧めです。

いずれにせよ、そのように**世間の常識をすぐに信じ込まないことを習慣化**すると、"一般には知られていない本当のこと"を頻繁に発見できるようになります。こうした情報はそれだけでギャップを備えているため、アピールしやすいPRネタをつくる助けになるでしょう。

一例を挙げると、「中高年は意外と○○が好き」「女性は実は○○が嫌い」「独身男性は実は○○だ」といった、属性ごとに「世間の常識」を否定するデータは一般にメディア受けがよく、クチコミやSNSでも拡散しやすい情報です。ぜひ狙ってみてください。

このように広報PR担当者には、常識を疑う姿勢を常に持つことが求められます。**広報PRの担当者ならば、常識に踊らされるのではなく、世間の常識をつくる仕掛け人になることを目指してください。**

そういう意識を持っていると、多くの「常識」とされている事柄が、実は同業者によってつくられた思い込みであることも見えてくるはずです。

（2）業界内外での情報ギャップを探す

「ヒト・モノ・カネ・情報」の「情報」のところでも触れましたが、あな

た自身やあなたの会社の人にとっては常識であっても、世間の多くの人が知れば驚くようなことはたくさんあります。それも「ギャップのヒント」になりえます。

たとえば広報PRの専門家としてふだんからテレビ関係者に接触している私にとっては、フジテレビ系列のTVアニメ『サザエさん』の視聴率が最近下がってきているという事実は、いわば「当たり前の情報」です。テレビメディアの関係者にも周知の事実となっていますし、その他メディアの関係者にも、この事実を知っている人は多いでしょう。

しかし、メディア関係者ではない一般の方にこの事実を知らせれば、「えっ、そうなの!?」という驚きの反応をする方がかなりの割合でいるはずです。

このように**業界の内外で知識量に大きな差があるときには、比較的簡単に情報にギャップをつけることができます。**

(3) 想定外の使われ方、買われ方をしてるケースがないか調べる

自社の商品やサービスについて、「**開発・製造側が想定していなかった部分が評価されて買われたり、使われたりしている**」現象が起きると、その事実自体をニュースとして取り上げてもらえるケースがあります。

たとえば以下のようなケースです。

＊単に「おいしい商品」として開発したつもりが、「ダイエットメニュー」として評価されて人気が出た

＊「エコカー」としてつくったつもりが、性能の高さが評価された

＊見た目を度外視して作成した実用ロボットが、「かわいい」と評判になった

＊女性向けに作成した美容液が、そのネーミングから男性の一部マニアに好まれた

最後の例は少々倫理的に問題があり、PRネタとしては使えないかもしれませんが、ここに挙げたのはすべて実例です。こうした現象はニュース性があって、メディアには特に好まれるのです。

自社の商品やサービスについても、そのような事例が発生していないか顧客アンケートや販売データなどを調べて確認してみましょう。これも、ギャップを発見するための方法のひとつです。

もし該当する事例があれば、そこに開発ストーリーなども絡めることで、重厚なビジネストピックのPRネタとしてアピールできるはずです。

（4）商品設計の段階から常識を逆手にとって開発する

いまある強み／ウリについて、これといったギャップを発見できない場合には、PRファーストの考え方で、**そもそも最初からギャップをつくることを意識した商品開発をする**という奥の手もあります。

有名な事例を挙げると、ダイソンの「羽のない扇風機」は、従来の「扇風機＝羽根が回る機械」という常識を完全に打ち破ったことで、発売当初からメディアや消費者の興味・関心を獲得することに成功していました。

このように「一瞬、矛盾を感じさせるような商品やサービス」というのは、情報の受け手に強い印象を与えて、より詳しく知りたいという気持ちにさせます。メディアでの露出も獲得しやすいですし、実際の売上についても好調なことが多いようです。

そのため**そもそも商品開発の段階で、既存の常識を打ち破ることを主目的とした商品設計をすると、発売後の広報PRがスムーズにできる商品をつくり出すことが可能なのです。**

以下に私が既存の常識を逆手にとることを主目的に考えてみた、商品・サービスのアイデアをいくつか紹介します（あくまでアイデアですから、実現可能性は検証していません）。もしこれらの商品が本当にあれば、どれもメディ

アでの露出やネットでのバズを簡単に実現できるでしょう。

  ＊ネタのない寿司

  ＊溶けないかき氷

  ＊ペットのいないペットショップ（モニターで売買する）

  ＊伸びないラーメン

  ＊暗記のいらない英会話

  ＊調理のいらない料理術

  ＊鏡を置かないヘアサロン

  ＊無駄遣いをする節約術

  ＊広報しない広報術

  ＊広告しない実験型テレビ番組　　など

SNSでのバズに即座に合わせる

　近年、SNSの影響力は広報PRのジャンルでも非常に大きくなっています。有名なインフルエンサーが紹介してくれれば、それだけで大きなPR効果を生むことも少なくありません。

　それを逆手にとって、**SNSでそのときにバズっているネタに合わせたキャッチーなアレンジを即座に行い、自社の商品やサービスの情報をバズの波に乗せる**、という方法があります。

　たとえばコロナショックで学校が休校になり、牛乳の消費が激減したことがありましたが、そのときSNSでは、牛乳を大量消費するためのさまざまな方法の提案がバズっていました。

　仮にそのタイミングを即座に捉えて、食品を製造している企業が牛乳を大量消費する自社商品のアレンジ法をネット上に公表していれば、大規模な情報拡散を期待できたはずです。

ただしSNSでバズるテーマにはエンタテインメント性や社会性が高いものが多いので、この手法は自社の商品やサービスがそうした内容にマッチするものでないと使えません。

　固い内容の場合には、むしろ新聞など従来型のマスメディアのほうが相性がよいこともあります。

　またSNSでのバズは**持続期間が非常に短いため**、やるならば即座に、具体的にはバズが起こって2〜3日中には波に乗るようにしないと、タイミングを逃した感じが出てしまうこともあります。注意してください。

　いかがでしたか？

　こうしたさまざまな視点からPRネタの原型をアレンジすることで、より完成度が高く、露出の獲得に直結する情報開発を行えるはずです。

PRネタにストーリーをつける
のも効果的

PRネタのアレンジにおいては、**情報にストーリー／物語性をつけていく**のも定番の勝ちパターンです。

特に発売やリリースからすでに時間が経っている商品やサービスをPRするときには、この方法が効果的です。

また、新しいモノやコトをPRするときにも、強みやウリをストレートに伝えるだけで十分な場合には不要ですが、そうでない場合にはストーリーをつけることで大きな効果を発揮することがあります。

ストーリーをつくるには、通常のアレンジよりも多くの情報が必要となります。そうした周辺情報を収集するため、まずは**開発担当者などへの社内取材**を行いましょう。

ストーリーづくりのための取材のコツ

PRで押し出していく自社や自社商品の強み／ウリは、どうしてそのような魅力を持つようになったのか？　そのプロセスや理由を伝えることで、情報の受け手により好感度を持たせやすくなります。

それを伝えるために、社内の開発担当者に広報PRの担当者が取材を行います。

ただし、社内だからといって事前準備なしで取材に臨むと、実際に発信するときにうまくストーリーをつくれなくなってしまいます。**事前準備の**

段階で、ある程度ストーリーの青写真を描いておくことが大切です。

　特に以下の３点を意識しておきましょう。

　　＊外部にアピールしたいポイントをあらかじめ想定しておく
　　＊過去から未来へと時系列で話を聞いていく
　　＊取材時間は60分程度に留める

　それぞれのポイントについて詳しく解説しておきます。

アピールしたいネタのポイントを意識しておく

　取材される側、つまり開発担当者が広報PRについて知見を多く持っているケースはあまりありません。そのため、あらかじめ取材する側が、使えそうなネタやポイントを意識しておくことが大切です。

　話を無理に誘導する必要はありませんが、この点を意識しておくと質問すべきこともクリアになり、話が脱線したときには元に戻せるようにもなります。

　もし取材相手が広報PRの業務に協力的であれば、「こういうことを世間にアピールしたいんですが、何か関連の情報はありませんか？」と、**あらかじめ情報開発の方向性を明示したうえで、相談するような形で取材する**のもいいでしょう。

　右の表に社内取材のときに話のきっかけになりそうな項目をまとめておきましたから、こちらも参考にしてください。

過去から未来へと時系列で話を聞いていく

　人間の脳内では時系列で情報が整理されているため、時系列に沿って話を聞いていくと、取材相手も無理なく話すことができます。

　また、あとで話の内容をまとめやすくなる、というメリットもあります。

☑ **ある領域（日本・世界・地域・業界等）においてもっとも ○○である、いちばん○○である**（最大、最小、最短、最長など）

　　例：世界初、日本初、業界初

☑ **一定の時間軸のなかでもっとも○○である、いちばん○○である**

　　例：過去最大、歴代最大

☑ **得をする、大きく得をする**

☑ **これまでになく役立つ**

☑ **季節限定**（その季節ならでは）、**季節を感じさせる**

☑ **地域限定**

☑ **将来性がある**（伸びそう、広がりそう、一般化しそうなど）

☑ **世界戦略がある、グローバルに展開できる**

☑ **人の心を動かす**（心温まる、感心する、感動するなど）

☑ **時流に合っている**

☑ **時代に逆行している**

☑ **ある特定の人のあいだで話題・ブームになっている**

☑ **多くの人がいま興味を持っている**

☑ **非常にニッチである**

☑ **ストーリー性がある**

☑ **びっくりする**

など

広報PRのネタとして発信する際には必ずしも時系列でなくていいのですが、取材時には時系列で質問をしていくのが、相手のためにもよいでしょう。

取材時間は60分程度に留める

取材時間は60分程度を目安にしましょう。それ以外にもカメラ撮影などの時間が必要ですし、相手の本来の仕事を邪魔をしすぎるのはよくありません。

それ以上長いと、取材時の音声を文字起こしするのも大変です。また、無駄な部分も多く出てきます。

事前に質問内容や露出イメージをきちんと共有できていれば、60分でも必要なことは十分やりきれます。あとからストーリーにまとめるときにも作業しやすいでしょう。

ストーリーづくりの基本要素を押さえる

取材でPRネタの周辺情報を深く掘り起こしたら、実際のストーリーづくりに取り組みます。ストーリーに絶対に必要な要素は以下の4つです。

① **主人公**
② **協力者や対立者**（あるいは対立する企業）
③ **困難、障害**
④ **成功**

社内取材をしっかり実施できていれば、この4つに該当する要素はすでにおおよそ登場しているでしょう。できれば取材時からこの4要素を意識しておき、話の内容に足りない部分があれば、追加の質問をして揃えるよ

うに心がけます。

　取材後、4つの要素を整理したら、ストーリーの流れに落とし込んでいきます。

　このときのストーリーのつくり方には、「**コミュニケーション特化型**」と「**成功／失敗の具現化・特化型**」の2種類があります。

コミュニケーション特化型：社内外とのコミュニケーションや、消費者とのやりとりが明確なときに該当するものです。そうしたコミュニケーションを軸に、こう求められたから、このように対応した／製品開発した、といったストーリーを形成していきます。

　主人公（製品開発者など）の立ち位置を明確に設定できるので、整理して考えやすいのが特徴です。

成功／失敗の具現化・特化型：企業や人の成功・失敗にスポットを当てたストーリーです。

　製品の開発者や職人は、なかなか消費者との直接のコミュニケーションがとれません。こうした場合、コミュニケーションに焦点を当てることはできませんから、ドラマティックなV字回復や、成功・失敗までの紆余曲折を身近に感じてもらえるような情報に焦点を当ててストーリーを組み上げます。

　ストーリーをつくるときには、このふたつのどちらがより適しているか考えながらつくると、より伝わりやすいストーリーになるでしょう。

　また取材時には時系列で整理するのがわかりやすいのですが、PRネタのストーリー化では起承転結をドラマティックにするため、ときには時系列を前後させることも有効です。

まずは時系列で書き起こしながら、関連するトピックを肉づけしたうえで読み直し、どこを工夫するか見直すのがよいと思います。

ストーリーは微修正を繰り返す

うまくPRネタのストーリー化ができ、「これでメディアに当たっていくぞ！」と意気込んだものの、なかなか結果が出ない……と悩んでいる広報PR担当者はたくさんいると思います。

そうした場合には、**時代の流れに合わせてストーリーの微調整を繰り返し、トライ＆エラーを重ねる**ことも重要です。

セールスをするときにも、昔からの鉄板の売り文句を何十年も使い回す人はいませんよね？

時代の流れ、もっと言ってしまえば日々の世相の移り変わりとともに、ストーリーも最新のものに少しずつ変えていく必要があります。最近、話題になっている社会的な時事ネタに絡ませてみたり、メディア関係者の意見や反応によって文言を変えてみたりと、微調整を繰り返しながら、その瞬間その瞬間ごとにベストなストーリーをつくり上げていきましょう。

情報を発信する前に
ひと呼吸して最終チェック

一度発信したら、なかったことにはできない

開発した PR ネタをメディアに発信したら、もう撤回することはできません。あとから情報の修正をすることはできますが、完全になかったことにはできません。

そのため**実際に情報を発信する前には、本当にその情報発信が自社の利益になるのか、最終チェックを行う**ようにしてください。

チェックの内容はそれぞれの会社で決定してかまいません。参考として私の会社でいつも使用している項目を以下に紹介しておきますので、こちらを活用してもいいでしょう。

【チェック項目】

□ 一般社会にとって、その内容は有益か？

□ 自分たちにとって、メリットがある内容か？

□ 顧客がその情報に接して喜ぶか？

□ 発信先のメディアとの相性はよいか？

□ 発信先の記者やディレクターとの相性はよいか？

□ 日本や世界の未来に向けて可能性を感じられる内容か？

□「販促視点」の情報ばかりになっていないか？

□ 伝える内容は 1 テーマに絞られているか？

□ トレンドに合っているか?

□ 書いてある内容に根拠はあるか?

□ 一般の生活者にも広く関係のある内容か?

□ 専門用語やカタカナ語が多くなっていないか?

□ 先に同じような内容の情報が露出していないか?

それぞれ、簡潔に説明しておきます。

(1) 一般社会にとって、その内容は有益か?

あなたがメディアに提供しようとしている内容が、一般社会にとって有益な情報かどうかを検討します。

自社の理屈だけで考えているうちは価値がある情報だと思えても、一般社会の常識からすると価値がなかったり、むしろ有害な情報だったりすることがあります。

社員の立場を離れ、一消費者になったつもりで情報を見直してみましょう。パートナーや家族に意見を聞くのもよい方法です。

このステップを省くと、意図せぬ炎上を招くことがあります。たとえば、最近ではタカラトミーのリカちゃん人形や某タイツメーカーなど、SNSの公式アカウントの担当者が自分だけの感覚でよかれと思って公開した情報が、性的で女性蔑視だなどと指摘されて炎上した事例がありました。

そのような事態を避けるためにも、いったん冷静になって、別の立場の視点から情報をチェックする必要があります。

(2) 自分たちにとって、メリットがある内容か?

メディア的には受けがよく、盛り上がりそうな内容だとしても、あなたの会社にとってのメリットがなければ、情報開発や広報PRにかけた費用や時間、労力などが無駄になります。

メディア側の視点から見ると、会社にとって不利益になる情報や、ふだんはあえて公開していない（場合によっては、隠している）情報には一般に大きな価値があります。そのため**広報PRの担当者がメディア受けのよさばかりを追求していると、ときどき自社にとって不利益になりかねない情報を開発してしまうことがあります。**

こうした情報を発信してしまうと、会社の評判を上げるどころか落とす危険性がありますし、広報PRの担当者個人の評価も大きく下げられてしまいます。

広報PRは常にセールスやマーケティングの部門と協力して、会社の営業力強化や売上のアップに貢献する存在になるべきです。メディア受けばかりを優先しすぎると、その本分から外れることがあるので、この点には十分気をつけるようにしてください。

「何か引っかかる」とか、「もしかしたら、自社にとって不利益になる可能性があるかもしれない」などと感じたら、いったん冷静になって、何に引っかかっているのかしっかり検討してください。場合によっては上司や他部署の意見も聞き、問題がないことをきちんと確認できてから発信するようにしましょう。

(3) 顧客がその情報に接して喜ぶか?

あなたの会社の既存顧客は、今回メディアに提供する情報やストーリーに接して、喜ぶでしょうか？　それともガッカリするでしょうか？

もしガッカリする可能性があると感じるなら、なぜそう感じたかを考え、本当にこのまま発信してもよいか、部分的に情報を修正することができないか、しっかり検討してから発信するようにしてください。

(4) 発信先のメディアとの相性はよいか?

あなたが今回、メディアに提供しようとしている内容は、情報を発信する先のメディアの論調やテイストと合致しますか？

それぞれのメディアには、ジャーナリズム重視とか消費者目線とかのテイストがありますし、政治的な論調もある程度固定されています。対象としている読者や視聴者も異なりますし、得意な分野もあります。

そのメディアの特徴に明らかに合致しない情報を送っても、掲載される可能性は低いですし、場合によっては迷惑がられて、自社についてネガティブなイメージを持たれてしまうこともあります。

そうしたことにならないよう、明らかに対象外のメディアには情報を発信しないようにしましょう。

(5) 発信先の記者やディレクターとの相性はよいか?

メディアと同じくそれぞれの記者やディレクターにも、軽いネタが好きだとか、社会派の記事を好んで書くなどの個性／キャラクターの違いがあります。

発信先が個人の場合には、提供しようとしている情報がそうした個性／キャラクターに合うかも念のため確認しておきましょう。

必ずしも完全に合致する必要はありませんが、あまりにもその記者やディレクターのテイストや方向性、政治的信条などと異なる情報を送りつけると、そもそも情報を露出できる可能性も低いですし、批判されていると受け取られる危険性もあります。

そうしたリスクは事前に排除したいものです。

(6) 日本や世界の未来に向けて可能性を感じられる内容か?

近年、環境破壊や地球温暖化、自然災害、人口問題、公害、食糧問題、持続可能性のある社会／企業、環境問題といったテーマはニーズが特に高く、メディアでも優先的に選択される傾向があります。

そのため、発信する予定のPRネタにそうした要素を含められているかどうかを、最後に再確認します。

このチェック項目については、必ずこうでなければならない、というわけではありません。ただ未来への可能性を感じられるスケール感のある情報は、現状、メディアの強い関心を集めることができるので、私の会社では最後にもうひと工夫して、PRネタにそうした要素を入れられないか確認するために最終チェック項目に含めています。

(7)「販促視点」の情報ばかりになっていないか?

（1）でも述べたように、広報PRを行う以上は会社の売上や問い合わせなどにつなげるべきです。

しかしそうした「販促視点」ばかりが前面に出ると、「売り込み」や「お知らせ」、あるいは「販促資料」などだとみなされ、せっかくの情報なのに注目されにくくなります。

きちんと社会的な意味合いが込められているか、再度確認してください。

(8) 伝える内容は1テーマに絞られているか?

1コンテンツや1リリースにつき、メディア関係者に伝えるのはひとつのテーマに絞りましょう。

PRしたいことが山ほどあるのはわかりますが、**情報を盛り込みすぎると焦点がぶれ、結局何を言いたいのかわからないPRネタになってしまいます。**

別のトピックは別のリリースにするか、記者などが取材に来た際に伝えるなどの形で対応してください。

(9) トレンドに合っているか?

食べ物同様、情報にも旬があります。たとえよいPRネタでも、旬でなければ旨味がないのです。

社会で注目されている事象や世相、時流などと、自社の取り組みや商品・サービスが関連づけられているかも確認しましょう。また明らかにタ

イミングを失していないかも確認してから発信してください。

　もし旬でないのなら、情報を発信するのに適したタイミングまで待つことも選択肢のひとつです。

（10）書いてある内容に根拠はあるか?

　広報PRの担当者は、なんとか自社の情報をメディアに取り上げてもらいたいため、「飾り文句」や「謳い文句」がついつい過剰になりがちです。実態よりよく見せようとして、情報の細部が曖昧になる傾向もあります。

　しかし、メディアは背景や根拠が曖昧な情報は採用しません。

　特に「世界初」「日本一」「健康によい」などといった、基準が明確にある文言が発信予定の情報に入っている場合は、本当にそう言えるのか裏づけになるデータを出典元まで遡って再確認することを忘れてはいけません。

　再確認の結果、もし根拠が薄いと感じられた場合には、表現を改善したり、曖昧な部分を削ったりして対応しましょう。

　もちろん虚偽の情報は絶対に発信してはいけません。医療や投資関連の情報など、明らかな嘘だと犯罪になるケースもありますから注意が必要です。

（11）一般の生活者にも広く関係のある内容か?

　新聞やテレビは、衣・食・住など一般の生活者の暮らしに直接関わるネタを最優先で採用します。逆に言うと、BtoB（企業対企業）市場の商品やサービスに関する情報など、一般の生活者の暮らしに直接関わってこないネタはあまり採用されません（日経などの経済新聞は別です）。

　あなたが発信しようとしている内容も、一般の生活者に関係する内容になっているでしょうか?

　自社が扱っている商品がBtoB分野のものである場合、一般の生活者に

は関係ない情報になりがちです。そういう場合でも、**工夫次第で情報を一般生活者向けにアレンジできます。**

たとえば人間をはるかに超えた処理能力を持つ業務用AI（人工知能）の紹介をしようとしても、AIの詳しい能力を伝えるだけでは、一般の生活者にはまったく関係がありません。PRネタが採用されて、情報が露出することもあまりないでしょう。

しかしそのAIの導入によって、身近な通勤や家事、子育てや医療などがどのように変わるのか、その可能性を詳しく伝えられれば、その情報は一般の生活者にも関係のある内容になります。

このように、大抵の強みやウリは工夫次第で一般生活者向けの情報に変化させられますから、発信前の最終チェックで、きちんとそのような内容になっているかを確認するようにしてください。

同じく、**PRネタの影響する範囲があまりにも小さいと、メディアでは採用されません。**

たとえば話題づくりのために数量限定商品を販売するという情報でも、1個100円のユニークな企画のキャンディーを1,000個販売するだけであれば、経済効果はわずか10万円で、史上初とか国内初のような別の要素がなければニュースバリューは低く、採用されることはまずありません。

また**購入できる場所が限定されている商品の場合、オンラインショップで全国から購入できるなどの準備があらかじめできていないと、テレビや新聞でその商品のことを知ってもほとんどの人は買えないのですから**、一般の生活者の暮らしには直接関係ないと判断されて採用されないケースがよくあります。

地方紙やローカルなミニコミ誌などへのPRならばこの点は関係ありませんが、全国メディアへの広報PRを行うのであれば、他地域の生活者でもアクセスできる内容か、しっかり確認する必要があるのです。

(12) 専門用語やカタカナ語が多くなっていないか?

難解な専門用語やカタカナ語が多い情報は、一般向けのメディアの関係者には敬遠されます。

メディア関係者には一般よりは語彙が豊富な人が多いですが、必ずしも各業界の専門知識を有しているわけではありません。そのため仮に読まれてもしっかり理解されない、という場合もあります。

特に化学産業や医療業界、IT業界の広報PR担当者は、この失敗を犯しやすい傾向があります。最終チェックで難しい言葉を使っていないか、しっかり確認するようにしましょう。

もし使ってしまっている場合は、できる限り一般的な言い回しに"翻訳"して、修正するようにしてください。

(13) 先に同じような内容の情報が露出していないか?

広報PRは「先にやった者勝ち」です。

同じようなネタを一度他社が広報PRでメディアに露出したら、それ以降は類似のPRネタはしばらく採用されなくなってしまいます（飲食店など、消費者が何度でも同じような商品を購入する場合は例外です）。

先行した露出の反響が大きい場合には、後追いで同じようなネタが採用されることもありますが、この場合はどうしても「二番煎じ感」が出てしまいますから、あまりお勧めできません。

情報開発にがんばって取り組んでいるあいだに他社が同じようなネタで露出を獲得していないか、最後に確認しておきましょう。

もしネタがかぶってしまったら、そのときはいさぎよくあきらめるしかありません。

拙速すぎるのもマズイのですが、広報PRではスピードも重要なのです。

なかなか採用されずに悩んだときのPRネタ改善法

効果的な情報開発の手法について、ここまでじっくり説明してきました。それでもまだ、次のように頭を悩ましている方はいるでしょう。

* 記者などに褒められたりはするものの、実際に記事になったり、テレビで取り上げられたりはしない
* 広報PRの本をたくさん読んだが、いまだにメディアに採用されない
* 情報開発をして自信のあるコンテンツをつくり出したが、メディアに見向きもされない
* メディアキャラバンをし尽くしたが成果がなく、もう当たるメディアがない

このような悩みを抱え、立ち止まってしまうケースは少なくありません。むしろ実際に広報PRの仕事をしていると、そのような場面ばかりを目にするようになります。

あなたの情報を「記事にしてもらう」ためにはどうすればよいのでしょう？　ここでは、最後のハードルを越えるためにあなたがすべきことを確認していきます。

そもそもなぜ記事にしてもらえないのか？

まずは、あなたの会社が発信している情報やネタが記事にしてもらえな

い理由を把握しましょう。

それは、かなりシンプルです。

理由は「**ほかにも面白いネタがたくさんあるから**」です。

大手メディアであればあるほど、日々大量のネタが飛び込んできます。そのなかでの競争に勝たないと、メディアで取り上げてはもらえません。

あなたの会社の情報は、その競争に勝てていないのだということを、まず自覚しましょう。より価値のある情報をクリエイティブすることで、競争を勝ち抜くしかないのです。

掲載を狙う情報アレンジの手順

そのうえで、より魅力的な情報開発をするための必勝パターンをひとつ紹介しておきます。一部は本章ですでに述べた内容とかぶりますが、復習のつもりで再確認してみてください。

（1）自社のネタと世のなかのトレンドを擦り合わせる

メディアは「いま、世のなかではこのようなものが流行っています」「世のなかはこういう変化が起きています」といった情報を紹介したいと考えています。

そうした**世のなかのトレンド、時代の流れと、あなたの会社が発信している情報がしっかり合致しているか、再度確認**してください。

たとえばあなたの会社が外食関係の会社で、毎月定額制のサブスクリプションサービスを新たに始めたとします。

このとき、単に「当社でこういうサービスを始めました！」と言うだけの情報では弱いです。飲食店で定額サービスを導入するお店は、すでにある程度増えてしまっていますから、これだけでは他社情報との競争に勝てません。

そうではなく、「ウチの会社だけでなく、ほかにもこういったサービスをしている企業がたくさん出てきています」「先行している海外の最新事例はこちらです」「こうした状況のなかで、当社はこのような新しい取り組みをしています」といったトレンドや時流を組み入れた情報開発をすれば、よりメディアが取り上げたくなる情報になるでしょう。

あなたの会社の情報がそのようなものになっているか、もう一度確認してください。そして、必要があれば修正するようにしましょう。

（2）具体的な情報を加える

引き続き「飲食店の定額制サービス」を例として考えてみます。

トレンドや時流を取り入れたら、さらにその情報に説得力を持たせるべく、**具体的な情報を加える**ようにしてください。

ラーメン店での定額制サービスなら、「月額1万円で1日1杯までのサービスを導入することで、売上が20％アップしました」「売上の予測がしやすくなりました」「定額メニューのラーメンには特定のトッピングしか乗せられませんが、客からの不満はあまりないようです」「それを受けて、通常のトッピングも種類を抑えて利益を伸ばす取り組みをしています」「ファン同士がラーメン愛を通じて交流できるコミュニティサービスもオンラインで始めました」というように、具体的な情報も加えることで、その情報に説得力や信用性を持たせられます。

メディア関係者としても取材時のより具体的なイメージをしやすくなるので、採用される確率が上がるわけです。

（3）自社の商品やサービスの特別な部分を列挙する

さらに、**開発した情報のまとめを箇条書きで記述しておくと**、時間のないメディア関係者も瞬間的に理解しやすく、採用されやすくなります。

「飲食店の定額制サービス」の例であれば、以下のような感じです。

＊メニュー数が他社に比べて多い

＊原価率200％の海鮮丼が月に1回食べられる

＊一流シェフが料理をふるまう

＊会員同士の交流コミュニティがある　など

　ちなみにふたつ目に挙げた「原価率で強みをアピールする」手法は、実際に「俺のレストラン」を展開する飲食チェーンで展開され、連日メディアの取材を誘致していました。

　4つ目の「会員同士の交流コミュニティ」の成功事例としては「よなよなビール」があります。ファンの熱狂が企業を支えるその取り組みは、多くの新聞に取材されています。

(4) よいところばかりでなく問題点も紹介する

　よいところばかり紹介していると、情報に信頼性や説得力が出ません。

　そこで、**メリットだけでなく問題点にも触れる**ようにすると、その情報に信頼性が生まれます。

　メディアはブームやトレンドの「光と影」を紹介したいと常に考えます。あなたの会社が実際に新しい取り組みにチャレンジしていて、よいところばかりでなく問題点についても具体的に把握しており、それについて深いところまで話せるのであれば、その情報の価値は高まり、取材される可能性が大いに出てくるでしょう。

　再度、「飲食店の定額制サービス」の例で考えれば、「予想外に人気が出てしまうと、基本的に薄利多売のビジネスモデルなので利益率が落ちます」とか、「同じものばかりを食べるため、客の健康状態が問題視される可能性が高いです」「そもそも評価が高いメニューでないと成立しません」といった情報を加えられるでしょう。

まとめると、「トレンドや時代の流れと、自社のネタを擦り合わせる」「→具体的な情報を加える」→「特有のメリットを示す」→「よいところばかりでなく問題点も示す」という手順で、あなたの会社の発信している情報をアレンジし直してください。

　きっと、記者やディレクターが「いますぐ取材したい！」と思う情報を開発し直せるでしょう。

　もちろんなんの準備も努力もなしに、いきなり上記のような情報開発はできません。**日頃から幅広くものごとに興味を持ち、柔軟に考えられるように意識しておく**と同時に、**自社の先輩広報PRパーソンや、場合によっては他社の広報PR担当者ともつながる**ようにしておきます。

　一見、関係性の薄そうなネタでも、このような視野の広さと柔軟な発想力があれば、自社のネタと結びつけて情報のアレンジを行えます。日頃からの発想力の鍛錬と、視野の拡大が重要なのです。

第 4 章

より効果的な
プレスリリースの書き方

メディアへの連絡手段は
いまもプレスリリースが主役

　前章で解説した情報開発ノウハウでメディアに伝えたいコンテンツがつくれたら、次は基本的に「プレスリリース」によって、メディアにその内容を伝えます。

　ちなみに私は20年近くテレビの放送作家として働き、「スーパーJチャンネル」や「めざましテレビ」などの人気番組を担当してきました。また編集責任者兼プロデューサーとして、月間100万PVを誇るあるネットメディアを手がけたこともあります。そうした仕事は日々、多数のプレスリリースをチェックする仕事でもありました。

　この章ではそうした現場の経験やノウハウを踏まえて、より効果的なプレスリリースの書き方を解説していきます。

そもそもプレスリリースとは何か？

　基本的なことを復習しておくと、プレスリリースとは**メディアに対して企業側がなんらかの情報を伝えるためにまとめた公式発表**のことです。あるいは**その発表が記載された書類**のことを言います。

　原則としてＡ４サイズで作成され、1枚〜数枚程度にコンパクトにまとめられています。そしてそのときどきの適した手法（郵送、FAX、電子メール、サイト専用フォームなど）を使って各メディアに送ります。

　近年ではプレスリリースの内容がウェブ上のリリース掲載サイトや自社サイトで公開され、メディアをとおさずに直接消費者の目に留まることとも

多くなってきたため、マスコミを示す「プレス」という言葉を外し、単に「ニュースリリース」と呼ぶことも増えています。

プレスリリースはいまでも 広報PR業務の中核的なツールである

上述のように、ネットの普及によって企業がSNSの公式アカウントや、自社の媒体（オウンドメディアなど）で情報を公開することも多くなりました。**しかしメディアに情報を露出させたいときには、いまだにプレスリリースによる情報伝達が主役であり続けています。**

メディア関係者は常に新しい情報を求めています。

とはいえ、常に情報を探し続けるにも限界があります。

たとえばテレビ局のディレクターや新聞記者は非常に多忙です。いつも社外に出て取材や調査、撮影などに飛び回っているほか、社内にいても外部のライターやカメラマン、放送作家やプロデューサーと打ち合わせをしたり、番組の絵コンテや記事原稿を作成したり、写真や映像の仕上がりをチェックしたり……と業務にはキリがありません。

さらに新聞記者であれば記者会見に参加したりもしますし、取材や下取り（記事の信憑性の裏取りをする行為）、事前の下調べなどにも相当の時間が必要です。

テレビで朝のニュース番組をいまも担当している知人のディレクターの例を挙げると、早朝からそうした業務に従事し、テレビ局のスタッフルームに戻ってくるのは大体夕方です（担当の曜日の番組終了後には、司会者やコメンテーターなどの出演者と制作スタッフによる反省会があるので、例外的に午後からテレビ局のデスクにいます）。

それ以外の業務にあてられる時間は全体の20％くらいにすぎず、この時

間を使って世間の新しい情報をかき集めます。もちろんさまざまな雑務などもあるなかで、です。

　自分で情報を集めるにも限度がある、と私が言う理由がわかってもらえたでしょうか？

　そこで役立つのがプレスリリースです。

　プレスリリースは向こうから新しい情報が飛び込んでくるので、忙しいメディア側としても非常にありがたい代物なのです。

　何か新しい企画やネタがないかと上司に言われ、とりあえず届いているプレスリリースの束を確認しているディレクターやAD（アシスタントディレクター）を、私は実際に何人も見たことがあります。また、かつては私自身もそうした人間のひとりでした。

うまく書けるかどうかが
企業の成長速度を左右する

　とはいえ、記者やディレクターのところに届くプレスリリースの数は膨大です。メディアには世間のさまざまな企業や団体がみずからの情報を取り上げてほしいとプレスリリースを送ってくるため、うまく書かないと選んでもらえません。

　同じコンテンツでもプレスリリースの書き方次第で、その商品やサービスが世に広まるか、ほかの情報に埋もれてしまうかが決まってしまうのです。

　逆にうまくポイントを押さえたプレスリリースがつくれれば、比較的高い確率で情報の露出を獲得できるでしょう。

　プレスリリースに記載すべき基礎的な情報については、右の図を参照してください（個々の項目については後述します）。

プレスリリースの基本要素（本書の出版告知をする架空のリリースを参考に）

報道関係者各位　①　**PRESS RELEASE**　2021 年 1 月 15 日　②
株式会社すばる舎

③ 累計 55 万部ベストセラー作家で登録者 6 万人超のビジネスユーチューバーが
業界最厚の「広報 PR の教科書」を出版！

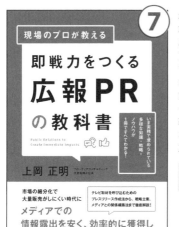

⑦

株式会社すばる舎（本社：東京都豊島区、代表取締役社長：徳留慶太郎、資本金：1000 万円）は、『死ぬほど読めて忘れない高速読書』（2019 年・アスコム）、『株はたった 1 つの「鉄板銘柄」で 1 億稼ぐ！』（2018 年・SB クリエイティブ）などのベストセラーを連発するビジネス作家であり、かつ登録者数約 6 万人を誇るビジネスユーチューバーである上岡正明氏を著者に迎え、『現場のプロが教える　即戦力をつくる広報 PR の教科書』を 2021 年 1 月 22 日に発売いたします。　④

「8 × 3 のフレームワーク」はもちろん、リークなどの高度なノウハウを大公開！

著者の上岡氏の本業は PR コンサルティング会社の経営者で、大学でも教鞭をとっています。その専門的な知識を体系的かつ網羅的に解説しているため、一読するだけで素人も中級者へ変わり、経験者も　⑤ 新しい知識やアイデアを吸収できます。さらに【上級編】として、これまではあまり解説されることのなかった「リーク」「採用広報」「評価方法」「炎上防止策」などのノウハウが開示されているほか、氏の代名詞とも言える「8 × 3 のフレームワークによる情報開発」の手法も詳しく解説されています。

340 ページ超の圧倒的なボリュームで、激変する業界の最新ノウハウを学べる PR プランナーやマーケター必読の 1 冊になっています！

株式会社すばる舎　000-0000　東京都豊島区東池袋 0-0-0　東池袋 K ビルディング　⑥
TEL（広報部／担当 S 沼）: 03-0000-0000　FAX: 03-0000-0000
担当者（担当 S 沼、M 宅）携帯直通: 080-0000-0000
担当者メールアドレス: sample@sample.co.jp　HP: www.subarusya.com
※お気軽にお問い合わせください／お急ぎの場合は夜間でも携帯にて対応します！

①宛名　　②配信日時／自社名　　③タイトル

④リード文　⑤本文（小見出し）　⑥問い合わせ先／会社概要

⑦参考資料／画像

プレスリリースから取材、露出へとつながっていく

　前項で触れた記者やディレクターといったメディア関係者の行動が、どのようにしてみなさんの会社の情報露出につながるかをもう少し詳しく把握しておきましょう。

メディアはさまざまなルートで情報を入手する

　記者やディレクターは以下のようなさまざまなルートから情報を入手しています。**プレスリリースは非常に大切ですが、それだけで情報収集しているわけではまったくありません。**

* ＊企業や団体から送られてくるプレスリリース
* ＊関係者や情報源となる人物へ連絡したり、リークを受けたりする
* ＊記者クラブへの行政による情報提供
* ＊メディア関係者同士の情報ネットワーク
* ＊図書館や官報・公開公文書などの伝統的な資料
* ＊他のメディアのリサーチ
* ＊情報連鎖（クチコミやウェブ上のバズ）　　など

　放送作家時代からお世話になっている、フジテレビなどで活躍する現役フリーディレクターの方はこう言っていました。

「全部のネタをプレスリリースだけに頼っていたら、プロデューサーに叱られます。お前の仕事はリサーチャー（テレビ番組の制作で素材となる情報を収集する職種）かってね。ディレクターは、自分のブレーンや放送作家と一緒にみずから考えて企画をつくる。これが基本スタンスです」

こうした情報収集の機能に、補助的に加えられているのがプレスリリースだと理解しましょう。

ただし、これらのうちで広報PRの担当者が直接作成できるのはプレスリリースだけです。

記者クラブへは企業も情報を提供できますが、その場合にもプレスリリースの形で情報提供をします。他メディアでの露出からクチコミなどの情報連鎖を起こすことで間接的に関わることもできますが、この場合にも出発点はプレスリリースであるケースが多いです。

ベテランの広報PR担当者になると、メディア関係者同士の情報ネットワークに加えてもらったり、"その業界に詳しい情報源"としての立ち位置を確保したり、あるいは緊密な関係を維持しているメディア関係者へのリーク（→第6章参照）を行ったりということもできるようになりますが、それには相応の年月とスキルを要します。まずはプレスリリースの形での情報提供に習熟することを目指しましょう。

プレスリリースはこうしたさまざまな情報源と同列に扱われ、その情報価値を取捨選択されますから、**漫然と新商品の情報を載せているだけでは決して選ばれることはない**ということでもあります。

「取材」 が 情報の露出への第一歩

このようにして入手した情報について、メディア関係者が「記事やニュースにする価値がある情報かもしれない」と判断したら、そのメディア関係

者は次に「取材」を行います。

　取材したものがすべて記事やニュースになるとは限りませんが、取材なしでそのままメディアに情報が取り上げられるようなことは原則ありません（雑誌などの「新商品紹介」的なコーナーでは、例外的に取材なしで情報が掲載される場合もあります）。

　そのため**企業の広報PR担当者としては、プレスリリースによってメディア関係者の取材を獲得することが当面の目標になる**わけです。

　プレスリリースによって入手した情報の場合は、メディア関係者はそこに記載されている広報PR担当者へと取材を申し込んできます。情報を露出させるチャンスだと考えて、可能な限り対応するようにしましょう。

　なお、取材には「**前取材**」と「**本取材**」があります。

　前取材は、本当にその情報を記事やニュースとしてみずからのメディアで取り上げるべきかを検討するための情報収集の一環で、この段階ではまだ本当にその情報がメディアで取り上げられるかはわかりません。そのため電話やメールで話を聞くだけ、という形の場合もあります。

　前取材は特にテレビの場合に多く、新聞や雑誌の場合には行われないこともよくあります（つまり、最初から本取材）。

プロデューサーやデスクによる
最終チェックが曲者

　前取材の結果、「これは、やはり記事／ニュースになるな」と判断されれば、新聞記者や雑誌記者であれば記事を書きます。場合によっては追加の取材を依頼されることもあります。

　テレビのディレクターであれば、本取材としてカメラを伴いあなたの会社や店舗に取材にやって来て、このときに撮影も行います。

ただし**実際に記事になったり番組になったりする前に、それぞれの上司による最終チェックがあります。**これがなかなかに曲者です。

新聞の場合はデスクによるチェック、テレビの場合は編集会議でのプロデューサーによるチェック、雑誌では編集長によるチェックにかけられるのですが、ここでの"総合的な判断"によって掲載や放映が見送られ「お蔵入り」になったり、内容が大幅に削られたりすることがときどきあるからです。現場の記者やディレクターがこの判断を覆すことはまずできないので、そうなった場合にはあきらめるしかありません。

この最終チェックを無事に通過すると、突発的な大事件や自然災害の発生がない限りは、それぞれのメディアで実際に情報が露出することになります。

露出のタイミングについては事前に教えられることが一般的ですが、ときには事後報告の場合もあります。

全体での成功率は低いが、工夫次第で確率は上げられる

以前、知り合いの新聞記者がこのようなことを言っていました。「送られてくるプレスリリースのなかで、取材候補としてストックされるのが1割ぐらい。そのなかで実際に取材するのは、さらに1割ぐらいだ」と。

私もかつてはメディア側の人間でしたから、この割合がおおよその実態を表していることは保証できます。

ということは0.1×0.1ですから、プレスリリースから実際の取材にまで到達するのは、およそ2％ということです。前取材だけで終わってしまう場合や、上司の最終チェックで没になってしまう場合もそれなりにあることを考慮すれば、**プレスリリース全体の数からすると、実際の情報の露出に**

までたどり着くプレスリリースは本当にわずかであることがわかるでしょう。

　ただし、この数字だけを見てプレスリリースをいくら出しても露出にまでつながることはほとんどないのだから、出すのは無駄だと思ってはいけません。これはあくまでも全体での割合で、きちんと工夫されているプレスリリースならば、もっと高い確率で採用されるからです。

　実際のところ、**大多数のプレスリリースは自社の広告・宣伝のようなものや、前例踏襲でつくられたなんの面白みもないものなので、きちんと工夫され、受け手のメディア関係者のニーズも考えてつくってあるプレスリリースはとても目立ちます。**少なくとも取材候補のストックには高確率で入れられるでしょう。

　次項からきちんと説明しますから、みなさんもそうしたプレスリリースをつくれるようになりましょう。

プレスリリースに記載すべき基本要素を把握する

絶対外せない9つの基本要素

具体的なプレスリリースの内容について見ていきましょう。

まずは必ず記載すべき9つの要素について簡潔に解説していきます。

(1) 宛名

通常、プレスリリースのいちばん左上に宛名を記載します。

記者クラブで一斉発表する際や、自社のウェブサイトに掲載したりする場合には「**報道関係各位**」を使用するのが一般的です。

送付先の個人名がわかる場合には「媒体名＋記者名」を、個人名まではわからない場合には「媒体名　○○ご担当者さま」とか「媒体名＋担当部署名」などを使用しましょう。

宛名部分は空欄にしておき、記者やディレクターごとに手書きにしてもよいと思います。

(2) 配信日時／自社の会社名

プレスリリースのいちばん右上には、「発表当日の日付（と配信時間）」、「企業名（正式名称）」を記載します。ロゴがあればそれも使用すべきです。

配信日時については、時間までは必ずしも書かなくてかまいませんが、ニュース価値が高いと思われるような場合には何時何分のレベルまで記載

してもよいでしょう。特に株式関係のプレスリリースでは発信時間まで記載することが多いようです。

　この（1）「宛名」と（2）「配信日時／自社の会社名」を記載する部分は「ヘッダー」と呼ぶこともあります。ヘッダーは一度つくれば毎回使えますから、テンプレート化しておくと便利です。

（3）タイトル（超重要です!!）

プレスリリースはタイトルの善し悪しが運命の分かれ道となります。

　読者の目を引くように本文よりひと回り大きなサイズの太文字を使い、「何が面白いのか？」「何がニュースか？」がひと目でわかる表現になるよう最大限工夫しましょう。ちなみに私の会社では、タイトルとサブタイトルの2〜3行構成にするケースが多いです。

　また「香り豊かな新感覚の特選コーヒー！　1杯600円で新発売！」といった感じの宣伝・広告色が強すぎるタイトルだと、ひと目見て捨てられてしまいます（記者の特性を思い出してください）。より社会的な意義やニュース価値を感じられるタイトルになるよう、ある程度の時間をかけて試行錯誤することが必須です。

　ニュース価値を高めるには、以下のような意味合いを持つキーワードをひとつは入れるようにするのもお勧めです。

＊初めて（業界初・日本初・世界初）

＊新しい

＊特別な（○○限定）

＊珍しい

＊最大（日本最大・世界最大・地域最大）　など

1行あたりの文字数やタイトル全体での文字数にも気を配ります。

　Yahoo!ニュースの記事タイトルは全角13.5文字まで、その他のウェブサイトの記事タイトルもおおよそ13〜20文字で表記されますから、**タイトルは13〜15文字程度、サブタイトルも最大で20文字程度に、短くまとめることを意識します。**

　テレビのバラエティ番組などでよく見かけるテロップも、1行あたり15文字くらいに短くまとめることで「読む」というより「一瞬で見る」ことができるよう工夫されています。

　プレスリリースのタイトルにおいても、短い時間で一気に大量にチェックされていきますから、一瞬で内容を理解させられる文字数に押さえておくほうがよいのです。

　タイトルとサブタイトルの2行の合計では、最大35文字くらいを意識してください。

　どうしても収められないときはタイトルを2行にして、サブタイトルと合わせて3行、最大45文字くらいにしてもよいですが、それ以上になるのは避けるべきでしょう。

　表現についてよいアイデアが浮かばないときには、露出実績のある他社の過去のプレスリリースや、ウェブ上のニュースサイトの記事タイトルなどを参考にするのもひとつの方法だと思います。

(4) リード文（メディア関係者は最初、ここまでしか読みません!!）

　リード文とは、その後に続く本文の内容を、文章の冒頭で短くまとめた部分のこと。プレスリリースの本文をしっかり読ませるための重要な要素です。

　そのプレスリリースでもっとも打ち出したい内容を3〜5行程度、100〜200文字程度の簡潔な文章で説明します。たとえば「フロンティアコン

サルティング（代表取締役・上岡正明　東京都千代田区九段南〇－〇－〇）は〇月〇日、□□な人に向けた〇〇なサービスを開始します。このサービスはAIを搭載した自動音声アプリであり、日本初となる……」といった感じです。

　メディアの関係者は1日に何枚ものプレスリリースに目をとおします。使えない情報の確認には時間をかけたくないため、サッとタイトルとリード文にだけ目をとおし、使わない情報だと思えばそれ以上は読まずに次のプレスリリースに移ります。興味を引かれたものだけ、その後の本文の内容まで読み込んで判断する、というのが一般的な行動パターンです。

　つまりタイトルとリード文をよいものにできれば、その後の取材や露出にまでつながる可能性が高くなるし、逆もまた然りというわけです。

　Who（誰が）、When（いつ）、Where（どこで）、What（何を）、Why（なぜ）、How（どのように）の5W1Hを押さえるよう意識することも大切です。すべてをリード文でカバーできない場合には、あとに続く本文の記述で補うようにします。

　具体的な数字や日程などもできるだけ盛り込むようにしましょう。

　なお先ほど出した例文のように、リリース発信元の企業名、代表取締役名、資本金額、本社所在地などの情報を括弧書きで入れることが一種のお約束になっているので、可能であればそれらも入れるようにしますが、どうしても収まらない場合には会社概要の欄やヘッダー部分に別途記載する形でも問題ないでしょう。

　ちなみに**冒頭の挨拶文はまったく不要**です。

（5）**本文**（簡潔に説明して回りくどくしないこと）

　PRネタの具体的な内容（商品概要、開発経緯、特徴、時代背景など）は本文

で説明します。ただしこれらの要素についても、**ニュース性が高いものを優先的に書く**ようにしましょう。

　その商品やサービスがどのように社会に貢献するのか、開発の理由や経緯、関わった人の想いといった内容が一般的にはニュース性が高いと評価されます。また価格・規格・サイズ・データなどに関して特異な点がある場合にはそちらを優先して記述してもかまいません。

　可能であれば経営トップや開発者のコメントも盛り込み、今後の展望や熱意を表明してもらうのも有効です。

　ここでも５Ｗ１Ｈを意識して書くのが基本で、公式発表などでより詳しく書きたい場合には、さらにWhom（誰に）、How Much（いくら）、How Many（どれくらい）を加えた６Ｗ３Ｈをしっかり押さえて書くようにします。

　ただし６Ｗ３Ｈまでいくと多少堅苦しい感じが出るので、その点はそのプレスリリースで何を実現したいのかとの兼ね合いで調整するようにしましょう。

　その他、以下の点にも注意してください。

＊難しい言葉や専門用語は必要以上に使わない

＊段落を分ける（びっしり文字が詰まっていると読む気がしなくなります）

＊複数枚に分かれる場合は、主要な内容を１枚目にまとめ、２枚目以降は補足情報にする

＊客観的なデータを盛り込んで説得力を高める

＊会社名や商品名の重複を避ける（繰り返す場合は当社、当商品で十分）

＊誤字／脱字／誤用をしない

＊社会的な意義を含める

＊将来の展望や計画も書く

さらに本文については「小見出し」も大変重要な要素です。**読み手の反応を想像しつつ、適度な間隔で小見出しを入れる**ようにしましょう。

急いでいる読み手が、小見出しだけを見ればおおよそ本文の内容を理解できる形となるよう意識すると上手につくれるはずです。うまくできない場合は、ビジネス書やビジネス系のウェブニュースの記事で、どのような小見出しがつけられているかを確認するのも参考になります。

具体的な数字やキャッチーな内容を言いきるようにまとめると、上手な小見出しができるでしょう。

(6) 問い合わせ先／会社概要

会社名、会社所在地、電話番号、FAX番号、自社サイトのURLアドレス、担当者氏名、担当者のメールアドレスなどを記入します。

担当者はその案件の責任者が望ましいでしょう。中小企業では代表者が直接担当者になるケースも少なくありません。また担当者がひとりだけだと休みのときに対応できないこともあるので、**ふたり以上の担当者を設定**してください。

電話番号は代表番号ではなく広報PR部門への直通電話の番号にします（あれば）。また、**できれば担当者が持っている会社支給の携帯の番号も記載**しておきます。

特に新聞の場合、記者が翌日の朝刊向けに記事を書くのは夕方から夜にかけてが多く、執筆中に不明点や確認が必要な事柄が出てくると、電話で広報PRの担当者に問い合わせてくることがあります。こうした不測の事前確認はテレビでもありますから、問い合わせに対応するためにつながりやすい電話番号が必要なのです。

私の経験では、NHKに露出がほぼ決まっていた案件で、放映前日の真夜中0時に新たな事実確認が必要となって、ディレクターが慌てて電話をしてきたケースがありました。もし連絡がとれずに事実確認ができなけ

れば、お蔵入りが決定していたと聞いて肝を冷やしたものです。

　こうしたときに固定電話の番号しか記載がないと、営業時間外でつながらずに結局露出がなくなってしまうケースがときどきあります。無理強いはできませんが、ここは勝負どころというときには「帰社後も問い合わせへの対応可能」などと注記して携帯電話の番号も記載し、掲載率を上げるようにすべきでしょう。

　もちろん記載する会社情報については、常に最新のものを利用します。

(7) 参考資料／画像

　写真、地図、開催場所、会社概要、開発背景、参考データ、文献などなど1枚目に入りきらなかった情報は参考資料として2枚目以降に記載するようにしましょう。本文と区別できるよう最上部に「参考資料」などと明記するのがお勧めです。

　ただし、なんでもかんでも資料としてつけても見てはもらえませんので、多くてもA4用紙3〜4枚までにまとめます。

　また後述しますが、特にテレビへの働きかけではプレスリリース内に取材時のイメージができる写真を盛り込むことが必須となります。

結局、プレスリリースはベーシックな形がいちばん読まれやすい

　メディア関係者が最初にプレスリリースを選別する際、1枚あたりにかける時間はわずか3秒程度だと言われています。

　まずタイトルと画像を見て、面白そうならリードを読み、さらに面白そうなら小見出しもチェック。この段階で記事化の可能性があるように感じたらとりあえず候補に残し、のちほど本文やその他資料も詳しく読む、というような流れで選別していきます。

メディアにもよりますが、送られてくるプレスリリースは1日あたり数十件～数百件、個人宛てにも1日10～30枚程度は送られてくることがあります。

取材や締め切りに追われるなかでこれらをひととおりチェックしていくので、個々のプレスリリースに使われる時間は非常に少ないのです。

こうした実情を考えると、**プレスリリースの内容はともかくフォーマットや書式については、一般的なものを踏襲したほうが無難**です。プレスリリースそのものの構成やデザインには奇をてらわず、本項で述べたような基本どおりの形で作成してください。

そのようにしたほうが、毎日プレスリリースをチェックするメディア関係者が内容を理解するために余計な労力を使わずに済むため、結局は記事になりやすいと感じています。

一部のこだわりの強い会社やデザイン会社のなかには、プレスリリースのデザインや形式にこだわり、そうすることによって少しでも目立って採用の確率を上げようとするところがあります。活字のフォントを何種類も変えてみたり、パンフレットやファッション雑誌のような凝ったデザインにしてみたり、新聞記事風の形式にしたりと、内容ではなく形式やデザインにあれこれと工夫をするのです。

確かにメディア関係者も「へぇ～、珍しいね。凝ってるね」と反応することがありますから、こうした手法にも認知を獲得するという意味では多少の効果があるかもしれません。

しかし、それだけです。

メディア関係者からすれば"信頼性の高い、ニュース価値のある情報"が手に入ればよいのですから、余計なデザインや工夫は邪魔というのが本音です。そんなことをしなくても、どのような形式のプレスリリースも大抵は現場の誰かが一度は目をとおしますから、結局は中身で判断されます。

実際に私がメディアにいたときにも、ときどきそういうプレスリリースがありましたが、デザインや形式によって判断の基準を変えた覚えはありません。ほかの人もそうだったと思います。

　いずれにせよ数秒でタイトルや写真、リードを見ていったん保留するかどうかが判断され、ダメなら容赦なくゴミ箱行きなのは変わりません。

　であれば、**そうした本質的ではない部分に時間や労力をかけるよりも、より価値の高い情報を開発することのほうに精力を傾けましょう。**そのほうがずっと費用対効果が高いと断言できます。より魅力的な情報開発や、そのための社内ネタ発見にこそ最大限の努力をすべきなのです。

　次ページから実際のプレスリリースのサンプル（3枚綴り）をひとつ掲載しておきますので、参考にしてください。

　このプレスリリースの事例ではテレビ8番組の誘致に成功。さらに全主要スポーツ紙、日本経済新聞、朝日新聞での情報露出を獲得し、そこからネットメディア500媒体以上への情報連鎖を実現しました。Instagram、TwitterなどのSNS媒体、さらにはブログなどの個人メディアにも多数情報が拡散されました。ブランディングや認知普及に成功したほか、行政からの問い合わせもあるなど、食育支援活動にもつながった成功事例です。

PRESSRELEASE
報道関係者各位

一般社団法人
日本海老協会
JAPAN SHRIMP ASSOCIATION
2018年8月吉日
一般社団法人日本海老協会

築地市場80年のラストイベント！
一日で20種類の海老料理と10,800匹の海老が消費されるグルメイベント

海老の日®祭りin築地 9月15日(土)開催決定
～海老専門BBQテラス・ベストシニア大賞授賞式・ベスト海老料理大賞授賞式～

　一般社団法人日本海老協会（事務局：東京都中央区築地■■■　　　代表理事：藤井務）は2018年9月15日(土)に、築地市場移転前のラストイベントとして、海老の日祭りを開催致します。『海老の日祭り』は**"海老の消費拡大"**と**"長寿を祝う敬老の日に長寿の象徴である海老を食する事で日本を元気にする"**ことを目的に、2013年より開催しています。

敬老の日は海老の日なんです！

　長いひげを持ち、腰が曲がっていることから長寿の象徴とされ、おめでたい食材として日本人に親しまれている海老を家族みんなで海老の日に食べ祝う祝日です。

海老の日イベントの目的

　海老の日である9月17日(月)に、長寿の象徴である海老を食卓で囲んで、元気になってもらう事を目的に開催しています。"海老の日"2日前の15日(土)にイベントを開く事で、『海老の日®の認知拡大』と『海老の消費拡大』を図っています。

イベント概要

＜実施内容＞
①第一回ベスト海老料理大賞授賞式
②第五回ベストシニア大賞授賞式
③和洋中の各界の巨匠がプロデュース
　海老料理屋台＆料理教室
④敬老の日は海老の日キャンペーン
⑤日本海老料協会BBQテラスin 築地魚河岸
＜会場＞
築地魚河岸　海幸橋棟
東京都中央区築地■■■■■■
＜主催＞
一般社団法人日本海老協会

海老づくし！海老の日祭り2018の見どころ

利き海老！海老のBBQテラス

　『見て・食べて・知って』楽しめる海老の為のBBQ会場を用意しています。当日は**"深海エビの食べ比べ"**や、ニュースで虚偽問題が話題になった**"似エビの食べ比べ"**をBBQ形式で楽しめます！食べ比べることのできる海老は合計8種類です。
※築地場内市場からの持ち込みBBQも可能

ベストシニア大賞

　ベストシニア大賞とは、長寿大国日本で活躍する長寿人＆長寿企業、または長寿の象徴『海老』の消費量拡大に貢献した人物を表彰します。
受賞者には、賞品として『海老1年分』が授与されます。

3代巨匠が届ける海老屋台

　和洋中の一流料理人が、海老を一番美味しく食べられるメニューを全力で考案！メニューに使用される海老は日本海老協会自慢の海老が使用されます。イベント会場では、『最高の海老』×『一流料理人』の最強コラボメニューが振舞われます。
※限定300食、先着順

第五回海老の日祭りin築地

海老屋台コーナー

18種類の自慢の海老が世界各地から移転前の築地へ大集合！

①白姫海老の塩焼き

鹿児島で大切に育てた鮮度抜群の国産えびです。香ばしい塩焼きで驚きの美味しさ！

②ブラジルの太陽の海老
〜朝茹でピンク海老〜

ブラジルの太陽を燦燦と浴びて育った美味しい天然のピンク海老を朝茹でしています！

③海老のキーマカレー

みんなが大好きな海老とカレー、2つを合わせて口の中で海老の香り立つキーマカレー！

④海老とキャベツのメンチカツ

野菜は炒め物でも海老とも相性の良いキャベツを使っています！

⑤想い伝える手巻き寿司

海老のように腰が曲がるまで長生きして欲しいと『想い伝える』手巻き寿司！

ベスト海老料理大賞授賞式

和洋中の3代巨匠が全力で海老メニューを考案

**トゥーランドット臥龍居
オーナーシェフ 脇屋 友詞**

**つきぢ田村
三代目 田村隆**

**オテル・ドゥ・ミクニ
オーナーシェフ 三國清**

ベスト海老料理大賞

海老に貢献した和洋中それぞれの一流料理人に贈られる授賞式です。3名の巨匠のそれぞれの屋台では、一流シェフが海老の美味しさを最大限に引き出したオリジナルメニューをご賞味頂けます。
※限定各300食

巨匠の料理教室

オリジナルメニューを味わうだけでなく、家庭でも作れる自慢の海老料理を解説します。

ベストシニア大賞授賞式

**海老に貢献したあの人物と
日本の元気を象徴する長寿人が登壇**

海老反りジャンプといえば

アクロバットがライブでも評判のアイドルグループから、築地市場のラストイベントを記念して登場します！

日本を代表する長寿人

1990年からスタートした国民的長寿ドラマの主役が登場！2018年秋に特別企画として、3時間の放送を控えている。

＜本件に関するお問い合わせ＞

一般社団法人日本海老協会広報事務局（株式会社フロンティアコンサルティング内）
担当：新貝
TEL： ●●●●●●●●●● ／ E-mail： ●●●●●●●●●●

2018年8月吉日
一般社団法人日本海老協会

＜お申込用紙＞

FAX

以下の必須事項をご記入の上、上記のFAX番号までご送付ください。

メールでのお申込みは＜　　　　　　　　　　　　＞宛にご参加の旨をお送りください。

登場！

生き海老つかみ取り対決！

築地市場80年のラストイベント！第5回海老の日®祭りin築地 9/15(土)

□ ご出席　　□ ご欠席

＜会場＞
築地魚河岸　海幸橋棟
東京都中央区築地

■貴社名：　　　　　　　　　　■媒体名：

■部署名：　　　　　　　　　　■御芳名：　　　　　　（計　　名）

■TEL：　　　　　　　　　　　■FAX：

　　　　　　　　　　　　　　　　　　　　　　TEL：

■カメラ：　　台／ムービー　　台　　■当日のご連絡先 MAIL：

＜本件に関するお問い合わせ＞

一般社団法人日本海老協会広報事務局（株式会社フロンティアコンサルティング内）
担当：新貝
TEL：　　　　　　　　／　E-mail：

プレスリリースの内容をさらに
ブラッシュアップするコツ

　プレスリリースで送るべきPRネタの情報開発については、すでに第3章で解説しています。ここではさらにその内容をブラッシュアップするのに役立つ、いくつかのコツや心構えを紹介しておきます。

　多少重複する部分もありますが、ぜひ参考にしてください。

コツ1　提供する情報には必ず社会的価値を加える

　すでに何度もお伝えしたように、自社の利益しか考えていないプレスリリースはメディアには嫌われます。そうした情報が選ばれてメディアに露出することもまずありません。

　場合によっては、あなたやあなたの会社自体にマイナスのイメージがついてしまって、プレスリリースへの反応が完全になくなってしまうこともありますから、くれぐれもそうならないよう気をつけてください。

　いま一度、「自社が社会とよりよい関係を築くために何をすべきか？」という広報PRの本質を思い出し、現在作成しているプレスリリースの内容に社会的な価値が込められているか確認してください。

コツ2　つくり手目線ではなく消費者目線で

　PRネタの内容が「こんなものができました！」という"つくり手視点"

からの機能やスペックの話になっている場合は、情報開発の段階に戻って"消費者目線"での情報につくり変えられないか検討してみましょう。

　新しい商品やサービスがどれほどすごいかという話は、メディア関係者にしてみたら広告や宣伝にすぎません。つまりゴミ箱に直行ですが、その商品やサービスで消費者の生活がこう変わるという切り口であれば、そこに社会性が生まれて掲載を検討しやすくなります。

　たとえば「この洗剤は業界水準の３倍の洗浄力があります！」と言われるより、「これまでとれなかった○○の汚れまで、剥がれ落ちるようにとれます！」と言われたほうが、誰だって興味を引かれます。メディア関係者も同様です。

　「このカメラは手のひらサイズなのに、画質も従来品の２倍です！」と言われるより、「このカメラは非常に小さいので、猫の首輪につけて猫目線での画像を撮影できます！」と言われたほうが、「へぇ〜」となりやすいでしょう。さらに「子どもの安全も見守れます！」「アリの世界は驚きの連続です！」などとすれば、メディアは心をくすぐられるはずです。

コツ3　消費者目線からさらに世のなか目線へ

　さらに言うと、その商品やサービスで消費者の暮らしが変わり、それによって**「社会や世のなかがどのように変わるのか」という"世のなか目線"での話にまで広げられれば、その情報の社会的な価値はさらに高まります。**

　メディア関係者は自分が関わった記事やニュースがきっかけとなって社会がよくなったり、特定の誰かを救うことができたり、人々の暮らしを改善したりすることをとても喜びます。テレビのバラエティ番組のディレクターでさえ、テレビという仕事に関わる以上、テレビを通じて世のなかをよくしたいと心のどこかでは思っているものなのです。

　世のなか目線の情報はメディア関係者のそうした心理を刺激するので、

実際の露出につながる確率も上がりますし、積極的に記事化や取材に協力してくれることが期待できます。

「商品・サービス→人の暮らしの変化→社会の変化」というストーリーもつくりやすくなりますから、単にPRネタとして見たときにもより説得力のある内容になるでしょう。

こうした点を意識し、場合によっては情報開発の段階にまで戻りつつ、プレスリリースの内容をブラッシュアップしてください。

消費者目線から世のなか目線へ

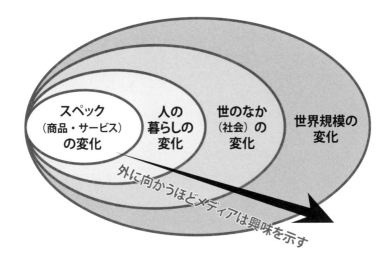

コツ4 タイトルをさらにつくり込む

プレスリリースではタイトルが非常に重要だということはすでに述べました。

誇張や曖昧な情報を盛り込むのはご法度なので、短い表現でなんとかインパクトを出そうとして、初心者はつい形容詞を多用しがちです。「きれ

い」「安い」「すごい」「かわいい」などの用語です。

　しかしこうした形容詞は、突き詰めて考えれば「広報PR担当者がそう感じた」にすぎないので、公的で客観的であるべきプレスリリースにはあまり馴染みません。**できるだけ形容詞は使わず、具体的な「数字」と「固有名詞」をタイトルに盛り込むようにする**のがお勧めです。数字や固有名詞があると、タイトルがぐっとしまって印象的になります。事実を伝えているだけなので誇張にもなりません。

　また「小学生」「主婦」「年収800円以上のサラリーマン」などと想定しているターゲットをタイトル内に明記することも、よりインパクトのあるタイトルをつくる際のコツです。「誰に見てほしいのか」「誰のための情報なのか」がタイトルだけで明確にわかるので、こうした文言も入れるようにしてより効果的なタイトルを常に工夫するようにしてください。

コツ5　他社のプレスリリースを参考にする

　同業他社や一般に広報PRがうまいと言われているような企業が、実際にどのようなプレスリリースをつくっているのかを調べて参考にするのもよい方法です。

　大手のプレスリリース配信サイトにおいて他社名で検索すれば、過去にそれらの企業がどのようなプレスリリースを配信してきたかがわかります。大いに参考にしましょう。

　Googleなどの検索サイトで「プレスリリース　会社名」のワードで検索することでも、過去のプレスリリースを多く確認できます。

　さまざまな事例を確認することで、プレスリリースの基本形がどのようなものなのか具体的に把握できますし、自社なりの差別化をするための参考資料にもなるでしょう。

　一世を風靡したようなムーブメントも、実は1枚のプレスリリースから

発生していた、ということもよくあります。

　競合他社のメディア露出事例を思い浮かべながら、そのきっかけとなったプレスリリースを確認して、どこに成功の要因があったのか研究するのもお勧めです。ぜひ、いろいろと調べてみてください。

コツ6　メディアごとにプレスリリースの内容をアレンジする

　このほか**取り上げてほしい媒体別にプレスリリースの内容をアレンジすることも採用率向上に役立ちます。**

　文章の大まかな構成やデザインはそのままでかまいませんが、特にテレビ向けに送る場合、取材時に撮れる映像がぱっと見てイメージできるような写真、あるいは商品やサービスの特徴がひと目でわかるような写真を多めに入れ、ビジュアル重視のプレスリリースにしましょう。

　プレスリリースというよりも、視聴率を稼ぐための「テレビ企画書」をつくるような感覚です。

　逆に新聞や雑誌向けでは、記者や編集者が記事の原稿をそのまま使用できるようにリード文や本文での解説を少し厚めにし、データで送るときにはテキストのコピペができる設定にしておくと喜ばれます。

　こうした使い分けは面倒に感じるかもしれませんが、細かなところまでしっかりとケアできるかどうかで露出の獲得数は大きく変わってきます。昨今はメディアの細分化も進んでいて、それぞれの媒体が求める情報の差が大きくなってきているため、こうしたメディア別の情報のアレンジは今後ますます重要になっていくでしょう。

　メディア別のプレスリリースのつくり方については、次項以降、個別により詳しく説明していきます。

テレビ向けプレスリリースの
つくり方

とにかく写真が大切です

　テレビ向けのプレスリリースの場合は、どのような映像が撮れるかを事前に伝えることが大切です。

　たとえば写真を多く盛り込んで「こんな画が撮れますよ」「こんな笑顔の開発者にインタビューできますよ」と伝えてしまうわけです。

　取材できる対象はお店であったり、ペットであったり、その会社の社長であったりと、開発したPRネタやストーリーによっても変わってくるでしょう。そういった写真や風景もできるだけ載せておくと「あぁ、このシーンは画として取材できるな」「この食品を、あの芸人を使って食リポさせたら面白いだろうな」などと、番組ディレクターが企画構成や撮影ポイントを見極められるようになり、取材確率が数倍高くなるのです。

　非常に大事な要素ですからピンボケや画質が低い画像は使わず、写りがよい写真を使うようにも気をつけてください。

撮りたくなる対象を選んで載せる

　プレスリリースは短くまとめなければいけませんから、どの撮影対象の写真を選ぶかも重要です。

　インパクトのある撮影対象がいちばんよいので、情報開発の視点から新

規性があったり、特殊性や意外性があったりする素材を選びましょう。

　一般に食べ物、人、動物はテレビ的に受けがよい撮影対象となるので、自社のPRネタとしてそうした要素を絡められる場合には、それらの写真を撮って掲載することも意識します。

　たとえばパン屋さんなどの店舗であれば、パン自体の映像はもちろん、それをつくっている職人さんや、笑顔がかわいいスタッフさんに商品を実際に手に持ってもらい、その様子を撮影して写真を載せると人と食べ物というダブルのテレビ受け要素で有効だと思います。

　商品・サービスによっては食べ物は絡められませんが、大抵は人の要素は絡められますので、テレビ局を攻める際には**商品単体ではなく、できるだけ人と一緒に写っている写真、人が実際に使っているところの写真を使う**というのはひとつのコツとして挙げられます。

　また**テレビは視聴者に感動（喜怒哀楽）を与えられるストーリーも大好き**です。そのため、あらかじめ開発したストーリーに沿った写真を載せるのも悪くないでしょう。

　ただしテレビの場合には、画面に映ったときにひと目でわかるストーリーでないと選ばれませんから、いわゆる「ビフォー／アフター」の写真を用意するなど、視覚的にもわかりやすくする工夫が必要です。

　さらに意外に注目されるのが、**仕事場や背景などの場所の情報**です。テレビでは撮影が必要ですから、「ロケハン」と言って撮影現場の下見をすることがよくあります。

　あらかじめ写真でどのような場所で撮影できるのかのイメージができていれば、頭のなかで仮のロケハンのようなことができるので、テレビ関係者には喜ばれるでしょう。

それとなく職場の様子や、撮影ができる場所をMAP情報として含ませるのもコツのひとつです。

念のためにつけ加えておくと、当たり前ですが取材されて全国放送されると困るものや、困る場所の写真は掲載してはいけません。

このほか、テレビ向けプレスリリースでの参考画像については以下のようなことに注意してください。

*イメージが湧きやすいようになるべく鮮明、かつ動きがあり、インパクトのある画像を使用する
*場合によってはコマ送り的に写真のシーンを入れるのもアリ
*商品と一緒に開発者や社長を撮影し、「取材可能」とキャプションを入れるとさらに効果的
*多いときにはプレスリリースの半分を写真にすることもあるなど、あくまでメディア目線で発想する
*写真の画像データは記者に対していつでも提供できることを明記する

取り上げてほしい番組別にアレンジする

同じテレビ番組でも、情報バラエティ番組に取り上げてほしいのか、報道番組や経済番組で取り上げてほしいのか、あるいは旅番組で取り上げてほしいのかによってプレスリリースの最適なつくり方は変わってきます。

(1) 情報バラエティ番組向け

そもそも「情報バラエティ番組」とは、**報道番組よりわかりやすく、身近な情報を視聴者に伝える番組**のことで、「報道バラエティ番組」とか「ワイドショー」などとも呼ばれます。

世間の幅広い層に情報を届ける番組なので、自社の商品やサービスが消費者の生活や社会にどのような影響をもたらすか、わかりやすく書くことを意識してください。以下のような要素もできるだけ含めましょう。

　　＊インパクトのある写真
　　＊主人公と周辺の人間模様を描いたストーリー
　　＊失敗談や感動のエピソード

（2）報道番組／経済番組向け

　報道番組ではニュース価値と速報性が最重要視されます。

　そのためプレスリリースも短い内容で、端的にわかりやすく作成することが求められます。

　デザインに凝るなどもってのほかで、前述したプレスリリースの基本要素を定番のパターンで作成し、タイトルとリード文、簡単な写真だけで情報の内容がすぐわかるように作成します。

　また、ほかの種類の番組よりもさらに強く社会的な価値が求められますから、「独自性」「意外性」「社会性」など訴求ポイントを絞って、しっかりとニュース価値を打ち出します。

　以下のような注意も必要です。

　　＊発売日やサービス開始日を明確にする（実用前の商品やサービスの場合、
　　　いつから消費者に提供できるかが決まらなければ原則、取材できません）
　　＊いま取り上げるべき「鮮度の高い情報」であることを示す客観情報を
　　　含める
　　＊打ち出している内容を裏づけるエビデンスを必ず用意しておく
　　＊報道番組のテロップ表示は通常より短く、6〜15文字程度しかない
　　　ため、タイトルやサブタイトル、小見出しなどで短くポイントを表現

するよう意識する（そのままテロップの文言に使えるように）

　経済番組については報道番組とほぼ同じですが、開発秘話などのストーリーをより好む、経済がどのように変わるか示す情報を好む、速報性はそれほど求められないなどの特徴があります。

（3）旅番組向け

　旅番組向けには、「○月に取材に来ると、こんな食べ物やイベントがある」「○○の時期なら、ここで面白い映像が撮れる」といった情報を写真とともに伝え、撮影協力で自社ができることや、その条件等も具体的にアピールします。

　カレンダーを手元に置いて、数か月前から前倒しでPRネタを考える癖づけが重要となります。

　番組の種類ごとではなく、**それぞれの番組内にどのようなコーナーがあるのかを研究して、そのコーナーの内容に合わせたプレスリリースをつくれるようになればさらに露出の可能性が高まる**でしょう。

　ちなみにテレビ局へのプレスリリース送付方法はFAXが基本となります。

　FAXですからテレビ局側が受け取るときはカラーではなく白黒ですが、最近のFAXは非常に解像度が高いので、写真の細かいところまで鮮明に判別できます。プレスリリースの作成時に白黒かカラーかをことさら意識する必要はないでしょう。

新聞社／通信社向けプレスリリースのつくり方

ジャーナリズムの文脈が強い

　次は新聞社や通信社に向けたプレスリリースです。

　このうち「通信社」とは、日本では時事通信社と共同通信社の2社が主に該当し、新聞社やテレビ局といったメディアを顧客にして、ニュース記事や報道写真を販売するメディア企業のことです。

　新聞社と通信社どちらにおいても、**テレビに比べてもさらに社会的な価値が重視され、ジャーナリズムの文脈での記事が好まれます**。前項で解説したテレビの報道番組に近い性質のメディアだと理解するといいでしょう。

　また新聞には全国紙の五大紙（読売、朝日、毎日、日経、産経）と、多くの地方紙・専門紙があります。

　このうちの地方紙は、地元密着型の情報を紹介することが存在理由のひとつになっていますので、地方の企業であれば比較的情報の露出を実現しやすい媒体となります。所属業界に専門紙があれば、こちらも同じく露出を実現しやすいメディアとなります。

どの新聞の、どの面への露出を狙うか
事前に適した送付先を調べてから送る

　新聞社への情報提供では、**どの新聞の、どの面、どの欄を狙うか**がポイ

ントになってきます。

特に全国紙での露出を狙う場合、企業の広報PR担当者としては**まず日本経済新聞や日経MJ（日本経済流通新聞）での露出を狙うのが王道**でしょう。これらの新聞は経済関連のニュースを中心に伝えることを使命としているので、企業の商品やサービスに絡めた情報を紹介してくれることが多いからです。

このほかの全国紙について言えば、読売新聞や朝日新聞ではより政治的で社会性の高い情報や、一般の生活者の役に立つ普遍的なネタが好まれます。

産経新聞はやや経済ニュース寄りです。毎日新聞は人々の生活に寄り添った記事が得意です。

地方紙を狙う場合は、まずは本社所在地でもっとも有力な地方新聞を狙いましょう。地元企業の情報は彼らが好んで取り上げる題材だからです。

いずれにせよ、企業の広報PRの担当者が新聞社宛てに作成するプレスリリースでは、経済や社会性、あるいは地域活動の文脈を強調したPRネタが求められます。

狙う新聞社が決まったら、次は紙面のどの「面」での露出を狙うかもあらかじめ決定しておきます。

新聞は第1面でその日のトップニュース、第2面と第3面で総合ニュース、第4面で国際ニュース、第5面で経済ニュースといった感じに、紙面のページ（これを「面」と言います）ごとにおおよそ掲載される内容が決まっています。また面やそのなかのコーナーごとにも求められる情報の内容やジャンルが決まっています。それぞれに各新聞社内での担当部署や担

当記者も異なります。

　そのため自社情報とより親和性の高いコーナーや部署を見つけられれば、取材や実際の露出につながる可能性が高まるのです。**企業の広報PR活動であれば、基本的には経済面や社会面、地域面などを狙うことになるでしょう。**

　なお経済専門紙の日経新聞の場合、企業報道部や経済部、医療健康部などのように取材先の業種やサービスの種類によっても細かく担当部署が分かれています。

　新聞や通信社を相手にしたプレスリリースでは、日頃からのメディアキャラバンによってあらかじめ最適な送付先の選定を行い、自社についての情報を求めていそうな送付先に的確にプレスリリースを送ることが非常に大切になってきます。

　そうした部署や記者を探し出すのは地道な作業ですが、逆に言うと適切な部署と記者を見つけ、彼らが求める情報を渡すことができれば、比較的高い確率で掲載を獲得できる媒体でもあるわけです。

雑誌向けプレスリリースの
つくり方

人間関係の構築が必須

　次は雑誌向けのプレスリリースです。

　雑誌の特徴は、**雑誌ごとに読者層や記事のジャンルが明確に分かれている**ことです。

　そのため、ともすれば「PRネタのターゲットがその雑誌の読者層に合致していさえすれば、掲載の獲得がしやすい」と思われがちなのですが、必ずしもそうとは言えません。

　なぜなら**雑誌の企画は常に2～3か月先のものが検討されており、先々の企画に合わせた情報提供が必要になる**からです。

　他のメディアに比べると情報の提供から実際の掲載までのタイムラグが大きく、そのことをわきまえない情報提供をしたとしても採用される可能性は低いのです。

　そうした**前倒しの情報提供をするには、ふだんから実際の商品やプレスリリースを持って雑誌の編集者や記者、ライターなどに会いに行くメディアキャラバンを頻繁に行う必要があります。**

　ある程度、彼らと良好な人間関係を築き、その雑誌での先々の企画内容を共有してもらったうえで、その方向性に合わせたPRネタでプレスリリースをつくることが重要です。この部分を省いて自社目線でのプレスリリースを送りつけるだけでは、いつまで経っても掲載はしてもらえないで

しょう。

　また雑誌はスタイルやテイストを大事にする媒体なので、プレスリリースについても送付先の媒体を意識しながらつくるように心がけると、より成功率が高まります。

「プレパブ」から始めるのもお勧め

　このようにメディアキャラバンが必須となる雑誌ですが、ひとつ例外があります。

　それは多くの雑誌媒体が共通して設けている「読者向けのプレゼントコーナー」での露出です。通常は広告や宣伝に近い形で、商品の情報がそのまま掲載されます。

　この形での露出は一般に「プレゼントパブリケーション」、略して「プレパブ」と呼びます。

　プレパブは商品をいくつか提供する代わりに、その情報を載せてもらうというバーター取引です。雑誌側としても毎月プレゼントを提供してくれる先を苦労して探しているので、飛び込みで「当社の商品をプレゼント枠で掲載してもらえませんか？」などと聞くアプローチ法でも、とりあえず話は聞いてもらえます。雑誌の読者層に合うようなら、実際にそのまま掲載してもらえることもよくあります。

　読者向けの商品提供は、商品の原価に応じて1〜10個程度の提供で済む場合がほとんどですから、情報の露出をしてもらえることを考えればさほどのダメージはないでしょう。

　ただし、正直なところ**雑誌のプレパブにはさほどのPR効果はありません。**

　掲載難易度の低いプレパブをとっかかりにして、その後のメディアキャラバンにつなげていく「メディア攻略の突破口」として考えておくのがよいと思います。

ウェブメディア向け
プレスリリースのつくり方

少人数で運営しているところが大半

　最後にウェブメディア向けプレスリリースのつくり方を紹介します。

　内容的には、ウェブメディアではとにかくニュース性が求められます。

　また速報性も高いため、新商品／新サービスの情報やできたばかりのお出かけスポットを掲載するのにはうってつけのメディアです。

　ページ数に上限があり企画に合わせて掲載が決まる雑誌、同じく紙面に限りがある新聞や、尺（放送時間）の長さという制約があるテレビとは異なり、**アクセスが望める情報ならとりあえずいくらでも記事を掲載してくれる、という特徴があるため、比較的記事化や情報の露出を獲得しやすいメ**ディアでもあります。

　こうしたウェブメディアは、最大手グループを除けば実はそれぞれ２〜３人という少人数体制で運営していることがほとんどです。各編集者や契約ライターが毎日２〜３本の記事をアップする、といった過密スケジュールで運営しているため、個々の記事に関して前取材をして、写真を撮影して、執筆して、というプロセスはまず踏みません。

　プレスリリースの文言や写真がそのまま流用されることもよくありますし、場合によってはプレスリリースの送信者に記事原稿の執筆まで依頼することがあります。

　また記事のアップ数を稼ぐために、ウェブメディア同士が相互に記事

を提供して、それぞれのメディアに転載することも広く行われています。

　ウェブメディア向けのプレスリリースでは、こうした特殊性を考慮しなければならないわけです。

手間を省いてあげる視点が大切

　なかでも最大のポイントは、**とにかく編集者やライターの手間を省いてあげるように意識する**ことです。

　たとえばプレスリリースのタイトルや小見出し、本文などはそのままコピペで利用できるように、目当てのウェブメディアの記事構成を意識して書くようにします。

　ウェブ記事では文字だけだと読まれづらいので、各ページに画像を配置することもよく行われます。そのときにそのまま利用できるように、プレスリリースにも記事掲載用の画像をいくつか配置するようにしましょう。画質が悪いとそのまま利用できないので、それなりの画質がある画像を使うようにも気をつけます。さらに画像の著作権についての確認や、使用許諾などもあらかじめ処理しておき、その旨を小さく明示しておけば完璧でしょう。

　そのうえで**電子メールを利用してデータでプレスリリースを送ります。**

　現物の紙でプレスリリースをもらっても、ウェブ記事にする際にテキストのコピペや画像データの流用ができないと余計な手間や時間がかかり、多忙で人数の少ない編集部では好まれません。

　こうした点に注意してつくったプレスリリースは、手間をかけることなくウェブ記事にすることが可能なので、掲載確率が高まるはずです。

　このほかにも細かい注意点がいくつかありますから、以下に紹介してお

きます。

件名と送信者に注意する

　メールで送る際には、**メールの件名と送信元アドレスの表記**にも気を配ってください。なぜなら受信者である編集者やライターは、本文よりも先にメールの件名と送信者名を見ることになるからです。

　「ニュースリリース」「プレスリリース　掲載のお願い」「必見です！」といった件名では、すぐに内容がわかりませんしほかのメールに埋もれてしまう危険性があります。

　また「yamada＠＊＊＊＊.com」といった送った人の所属がわからない送信者名や、「yamada☆Chan」のようなプライベート感の高すぎる送信者名では、開きたくないと思っても無理はありません。

　件名は「【ニュースリリース】業界初の○○機能を加えた△△を株式会社□□が新発売」というように、プレスリリースの内容がひと目でわかるものを使いましょう。

　さらに設定方法を調べ、送信者名は「山田一郎（○○会社広報部）」とか「○○会社広報部」などのように、受信者がひと目見て誰が送ってきたかわかるものに変更するとよいでしょう。

内容は添付するのではなく本文内にシンプルに記載

　プレスリリースの内容は、添付するのではなく本文内に要約して記載するのが私のお勧めです。

　受け取る側になって想像すればわかると思うのですが、添付されているワードやPDFのファイルを開けるのは少し面倒です。メディアによってはセキュリティの関係上、添付メールを一切受けつけていないところもあります。

　プレスリリースのメールは一方的に送りつける形になることが多いので、

少しでも読んでもらう確率を上げたいのであれば、添付ファイルではなく、メールの本文にそのままプレスリリースの内容を記載するほうが確実です。

このときテキストの形式がHTML形式だとそれだけで読んでくれない人が一定割合出てくるので、シンプルなプレーンテキスト形式で送ります。そのうえでプレスリリースのデータや画像データをいくつか添付します。

広報PRでは、常に受け手の立場になって考えることが大切なのです。

タイトルはごく短く

他のメディアへのプレスリリースでは、タイトルとサブタイトルが合わせて2〜3行になっても文字数がさほど多くなく、必要性があればなんとか許容範囲内になります。しかし**ウェブメディアではもっと簡潔で、非常に短いタイトルが好まれます。**

これは、おそらくは前述したYahoo!ニュースのトップページでのタイトル表示が全角13.5文字以内というところから来ているのでしょう。さまざまなスマホ向けニュースアプリでも、記事タイトルは20文字程度というアプリが多いです。

そのためタイトルは1行で、文字数も20文字以内に抑えるようにし、短くてもインパクトのある表現になるよう工夫を凝らしてください。

タイトルが凡庸だとメールをクリックしてもらえません。ここは脳みそに汗をかいて、思わずクリックしてしまいたくなるタイトルをひねり出しましょう。

マスメディア向けと一般向けで内容を変える

ウェブでの配信サービスが登場してきた昨今では、プレスリリースの内容を一般ユーザーが見ることも増えてきました。

そこでマスメディアやウェブメディアへ送るプレスリリースとは別に、より消費者やユーザーが望む内容、たとえばプレゼントキャンペーンやユー

ザーの声などのコンテンツを盛り込んだ、メディア向けとは異なる「一般向けリリース」も作成し、ウェブ配信サービスやメルマガなどではそちらを送付するようにするのも効果的です。

　ちなみにプレスリリースはもともと報道関係者＝プレス向けに書いたもの、という意味なので、一般ユーザーも見るものは「ニュースリリース」としたほうが自然でしょう。

自社サイトへのリンクを忘れずに

　紙のプレスリリースと違い、メールでのニュースリリースではURLを記入しておくことで、読後に直接自社サイトへ誘導することが可能です。

　自社サイトに誘導できれば新しい情報提供も可能になりますし、一般ユーザー向けならばアクセスの増加やキャンペーンへの参加なども促せます。忘れずに自社サイトへのリンクを記入するようにしましょう。

その他の細かい注意店

　＊個人宛てということを意識してもらうために一斉送信は避ける

　＊最後まで読んでもらえるよう親しみやすい文面にする

　＊添付ファイルを使う場合は、開かなくてもおおよその内容がわかるようにメール本文にも同じ内容やファイルの説明を書き込んでおく

　＊プレスリリースの配信スタンドを使っている場合でも、メールの本文中にURLを記入し、ユーザーが希望したときには追加資料をダウンロードできるようにしておく

発信前に必ず最終確認を行う

複数人でダブルチェック

　情報開発の段階でも最終確認を行いました。もちろんプレスリリースの発信前にも、必ず最終確認を行いましょう。繰り返しとなりますが、プレスリリースは一度送ったらなかったことにはできないのですから。

　以下にチェックすべきポイントを14個ほど挙げておきます。あとで「しまった！」とならないよう、実際にメディアに送る前にざっと目をとおして最後の確認をしてください。

【チェックリスト】

□ タイトルは簡潔、かつ魅力的な内容になっているか？

□ 内容に間違いはないか？

□ 内容に情報の抜け漏れはないか？

□ わかりやすい文章になっているか？

□ 過度な誇張表現はないか？

□ 不必要に難しい表現や言葉を使っていないか？

□ リンク先のURLは間違っていないか？

□ 日付や西暦は間違いなく記入されているか？

□ 図や表は十分に入っているか？

□ 正しい画像を添付しているか？

□ 誤字脱字はないか？

□ 客観的かつ情熱がこもっている文章か？

□ 連絡先の表記や会社概要の内容は合っているか？

□ 複数人でチェックしたか？

　自分が書いた文章というのは、なかなか抜け漏れが見つけにくいものです。そのため**必ず複数人でチェックするようにしましょう**。

　ちなみに長年広報PRの現場に携わる私の会社でも、PRネタが社会的意義や必要性を感じられるものになっているか、抜け漏れがない客観的文章になっているか、想いを情熱的に書き込んでいるかなどのポイントを、発信前に必ず複数人で確認しています。

最適な送付先と送付方法を選んでプレスリリースを発信

まずは媒体選定すべし

プレスリリースの用意ができたら、その内容に合った媒体や該当部署、担当者を絞り込む必要があります（ここまで述べてきたように、媒体に合わせて内容を考える逆のケースもあります）。

配信する内容と対象メディアの特徴やテイストが合わない場合、掲載される可能性はほとんどありません。それなのに、その媒体の特徴にまったく関係のないプレスリリースを送り続けていると、あなたの会社についての印象を悪くしてしまう危険性まであります。

一度そうなってしまうと、あとからその印象を変えるのは難しいため、原則としては最初からそうならないよう**送り先はある程度絞ったほうがいい**でしょう。

雑誌や新聞なら何度か実際に購入して読んでみる、テレビ番組であれば録画してどのようなコーナーがあるのか何度か視聴し、事前にリサーチしておくことも必須です。

部署／コーナー出しを行う

送付先の媒体を確定したら、次はどの部署（コーナー）に送るかを検討します。これを「**部署出し**」や「**コーナー出し**」と言います。

新聞・テレビでは毎日決まっているコーナーのほかに、曜日によって設けられているコーナーがあります。**少なくとも1週間は情報提供を予定している媒体をチェックし、自社の情報にどのコーナーや部署が適しているのかまでしっかり確認してください。**

可能であれば「担当出し」まで行う

媒体、部署（コーナー）が決まったら、いよいよ担当者の確認です。これを「担当出し」と言います。

前述したように、プレスリリースは多いところで1メディアあたり1日数百枚も届きます。そこから部署を絞り、さらに担当者まで絞って送ることでライバルの数がぐっと減りますから、より目をとおしてもらったり、選んでもらえたりする確率を高められるのです。

担当者名を確定する方法としては、**新聞／雑誌であれば記名記事を探す、テレビ番組ならスタッフロールを確認するなどして名前を特定する方法が**あります。

すでに希望の部署やコーナーがあるのであれば、**直接媒体に電話して、担当の方の名前や直通番号を教えてもらう**のもいいでしょう。それぞれの部署の守備範囲やコーナーの特徴を把握して、誠実な気持ちでそのコーナーで情報を紹介したい想いや、それにより読者や視聴者にどう役立つのかを伝えれば、担当者名とプレスリリースの送付先くらいは教えてもらえることがあります（ただし教えてもらえない場合もそれなりにあります。特に宣伝色が強いと判断された場合には、まず教えてもらえませんから気をつけてください）。

場合によっては担当者本人が電話に出てくれることもあります。そうなれば直接情報を引き出したり、送付先を確認したりできるでしょう。

選んだ媒体に適した送付方法で送る

送付先の選定ができたら、次はどの送付方法を選択するか決定します。プレスリリースを発送する方法は、大きく分けて以下の7つです。

* FAX
* 郵送
* 電子メール
* サイト専用フォーム
* 記者クラブへの投げ込み
* 報道機関への直接持ち込み
* プレスリリース配信サービス

正直、これですべて網羅していると言っても過言ではありません。ひとつずつ説明していきます。

（1）FAX

以前からよく使われている方法で、いまでも新聞社やテレビ局の現場ではFAXによるプレスリリースの送付がほとんどです。

あまりにページ数が多いと読むほうも負担ですし、特にFAXの場合は用紙の問題もあるので、プレスリリースはできるだけ1枚にまとめたほうがよいとよく言われます。

ただ私が20年にわたってメディア側にいた経験からすると、**内容さえ伴っていれば1枚にまとめることにそこまでこだわる必要はない**と思います。たとえばイベントのお知らせなどの場合、申込用紙などでどうしても1ページ使うことになるため、追加資料などと合わせて5枚ほどになることもあります。しかしメディア側の現場にいたときに、その点について気にした

ことはなかったですし、気にしていた同僚もほとんどいなかったように思います。

ただしアシスタントがディレクターや私たち放送作家のもとに届ける際に、順番がぐちゃぐちゃになってしまって困ることはよくあったので、**下部にページ番号やとおしのタイトルなどを入れる**工夫はしておくといいでしょう。

プレスリリースをFAXで送るためには目当てのメディア、目当ての部署のFAX番号を探し当てる必要があります。多くの場合は公表されていないので、代表番号への問い合わせや、後述するメディアキャラバン、あるいはリスト情報の購入などで必要なFAX番号を入手するようにしてください。また一斉配信スタンドなどを利用する選択肢もあります。

なお、**新しいメディアであるウェブメディアでは、アナログなFAXはあまり使われることがありません。**

(2) 郵送

新聞やテレビ、雑誌などでは、まだまだ郵送によるプレスリリースの送付が健在です。

郵送は送付する量をコントロールしやすいことがメリットです。FAXと違ってカラーで特徴などを訴求することも可能です。商品によってはサンプルを同封してもいいでしょう。どうしてもプレスリリースのページ数や情報量が増えてしまった……というときには郵送で送るのも選択肢になってくるわけです。

また上述のFAX番号のように宛先情報がうまく入手できないときでも、住所まで非公開というところはそうありません。郵送ならば「〈番組名〉〇〇コーナー　担当ディレクターさま」といった感じで、部署やコーナーだけ指定して送れるメリットもあります。

記名記事などを丁寧に調べて、自社のプレスリリースに興味を持ちそうな記者やディレクター、個人宛てに郵送する方法もあります。

　一般に郵送は住所の記入や梱包に手間がかかる方法だと認識されているため、重要な情報があるに違いないと考えて、ついつい読んでしまうメディアの担当者もいます。工夫次第ではありますが、少なくとも比較的高い確率で開封はしてもらえるはずです。

　なお**ウェブメディアについては、FAXと同じく郵送はあまり歓迎されない**傾向があります。

　このほか郵送の場合は封筒に入れてしまうと中身がどのような内容かわからず、面倒に感じて開封されずに処分されてしまうことがありますから、宛名の面に「○○に関するプレスリリース在中」などと朱書きで大きく掲載しておいたり、透明ビニールに入れて開封しなくても内容が担当者の目に入るようにしたりするなど、開封率を上げるための工夫も有効でしょう。

（3）電子メール

　現在では電子メールによるプレスリリースの送付もかなり一般化しています。

　手軽に送ることができる反面、受け取るメディア側の担当者がそのメールを選択して開かないと中身を読めませんから、件名と送信者名だけで判断されて、メールの開封すらされずに一瞬でゴミ箱に入れられることも少なくありません。

　事前にメディアキャラバンでリレーションを構築するなどし、「この人のメールなら最低限中身は確認しておこうかな」と思わせることが大切です。

　なおここでも、送付先のメールアドレスを入手する必要があるのは同じです。

（4）メディアのサイト上にある専用フォーム

情報提供をしたいメディア担当者のメールアドレスがわからない場合、そのメディアの自社サイト上に情報提供用の専用フォームがあれば、そちらを通じてプレスリリースを送ることもあります。

広報PRの現場では、メディアに郵送先を問い合わせるとこうした専用フォームに誘導されて、オンラインで送るよう指示されることも増えてきました。

（5）記者クラブへの投げ込み

全国各地にある県庁や市役所には記者クラブがあります。その記者クラブに印刷したプレスリリースを持ち込む方法もあります。

特にPRネタの内容に高い社会性やニュース性、地域性がある場合に適しています。

印刷したメディア向けの資料を直接メディアの担当者に渡せるため、プレスリリースが読まれやすいというメリットがあります。

一方で顔と顔をつきあわせた社交の場でもあるため、事前予約や事前照会が必要だったりと、それぞれの記者クラブでルールが厳密に定められています。宣伝色が強いプレスリリースを提出してしまうと、それ以降、相手にしてもらえない可能性があるなどのデメリットもあります。

ただ私の経験上、初めてであることを明かしたうえで丁寧に電話で尋ねれば、親切に方法を教えてくれるところが大半です。試してみたい方はまずは電話で問い合わせをして、方法を聞いてみるとよいでしょう。

右図も参照してください。

（6）メディアへの直接持ち込み（メディアキャラバン）

新聞社やテレビ局、雑誌社に直接出向いてプレスリリースを手渡す方法もあります。「メディアキャラバン」とも呼ばれ、私の会社のようなプロの

経済関連の記者クラブの例

名称	記者室の場所	主な取材対象
兜倶楽部	東京証券取引所内	同取引所における上場や、上場企業の決算発表内容、株価に重要な影響を及ぼす出来事など
日銀クラブ	日本銀行内	日銀、および銀行や保険会社などの民間金融機関
財政研究会	財務省内	財務省および金融庁からの情報提供。業界紙専門の「財政くらぶ」も同省内にある
経済団体記者会（財界クラブ）	経団連ビル内	日本経団連、経済同友会、日本商工会議所など
重工業研究会（重工クラブ）	日本鉄鋼連盟内	非鉄金属、化学、繊維、ゴム、紙、ガラス、化粧品、日用品、医薬品、アパレルなど
自動車産業記者会（自工会）	日本自動車工業会内	自動車産業全般
東商記者クラブ	東京商工会議所内	加盟企業に関する広範な分野（主に流通やサービス、ノンバンク、食品業界）
貿易記者会	ジェトロ内	貿易関連情報
本石繊維会	日本橋本石町	繊維業界、製紙業界
三田クラブ	労働委員会会館内	労働運動、労働問題
ときわクラブ	JR東日本本社内	JR各社

広報PR会社は基本的にこの方法をとります。もちろん普通の会社の広報PR担当者にも、メディアキャラバンをしている人は大勢います。

ただし、いきなり押しかけても会ってはもらえません。まずはリサーチをして、自社の情報に興味を持ちそうなメディア、その媒体での担当部署名や記者・ディレクターなどの個人名をピックアップし、電話などでアポイントメントをとってから訪問します。すでに面識のある方から紹介してもらうなどもよい方法です。

そうして会ってもらえたら、プレスリリースを直接手渡すとともに簡単な説明などを行い、名刺交換をして次回以降につなげます。

手間も時間もかかりますが、直接受け取ってもらえればしっかりと読んでもらえますし、その後の連絡先情報の入手もできます。

一方でメディア側も忙しいため、せっかくアポイントをとりつけても突然取材が入ったりと、当日会ってもらえないことも多いでしょう。

また仮に会ってもらえたとしても、やはり宣伝色の強いプレスリリースを渡してしまうと次からは相手にされない可能性がありますので、注意して実行していくことが求められます。

メディアキャラバンについては第5章でも詳しく解説します。

(7) プレスリリースの一斉配信サービス

プレスリリースの一斉配信をする「配信スタンドサービス」を利用して、プレスリリースをメディアに送ることもできます。

費用が手軽で、かつ一度に大量のメディアに送れるメリットがあります。自社で送付先のリストを用意できていなくてもプレスリリースを送れるというのもメリットです。

場合によっては配信スタンド会社にプレスリリースの内容の添削や、より適した送付先の選定なども依頼できるので、広報PRの経験が浅い方に

は使いやすいでしょう。

　一方でこの送付法には問題点もたくさんあります。

　たとえば**配信スタンドではたくさんのメディアに、多くの利用企業のプレ
スリリースを送りつけるため、そもそも最初からスルーされてしまう場合が
少なくありません。**

　また**自社の商品・サービスとマッチしていないメディアにもプレスリリー
スを送りつける**ことが避けられません。

　こうしたミスマッチなプレスリリースが実際の情報の露出につながるこ
とはほとんどなく、また送られた側もあまりよくは思いません。みずから
の媒体とはまったく関係のない情報が、さまざまな企業からプレスリリー
スとして大量に配信されてくるため、配信スタンドからのメールすべてを
ほぼ無視している、あるいは一度は登録したものの、いまは迷惑メールに
指定しているメディア関係者はたくさんいます。

　こうなると、一斉配信したがために読まれないことになってしまうので、
どれだけの意味があるのか疑問です。

　また、さまざまなウェブメディア内にプレスリリースの内容をそのまま
掲示するようなページが用意されていますが、そこを細かく確認している
読者などほとんどいないでしょう。単に1日あたりの公開記事数を多くし
たり、プレスリリースの送付先を水増ししたりするために自作自演のサイ
トやコーナーが用意されているケースもあり、こうした露出にはさほど意
味がないと判断すべきです。

　初心者や広報PRに取り組み始めたばかりの会社にとっては役立つ存在
ですから全否定はしませんが（そもそも私の会社でも、一斉配信サービスを行う
場合があります）、**広報PRの担当者としてはできるだけ早く、配信スタンドに
頼らずに自社に合致した送付先にプレスリリースを送れるよう、送付先情報**

の獲得に努めることをお勧めします。

　それぞれの送付法にはこうした特徴があるため、そのときのプレスリリースの内容や、情報を露出させたいメディアに合わせたりして、適した方法を決定してください。

配信後には電話連絡をして改善点をヒアリングする

配布したらそれで終わりではありません

　プレスリリースを配布する目的は、メディアにその情報を掲載してもらうことです。そのため今回のPRネタは自信作だ、という場合には、**配信後に目当ての担当者に直接電話をかけてプレスリリースを送った事実を伝え、しっかり確認してもらえるように依頼したり、少しあとにプレスリリースの内容についてどう思ったか、どう検討したかなどの感想を聞いたりすること**をお勧めします。

　ただし「プレスリリースを送らせていただきましたが、到着したでしょうか？」などと確認をするだけでは意味がありません。

　わざわざ電話やメールで聞かれた立場になって考えてみても、相手と面識がないのであれば戸惑うだけでしょうし、対応するのを面倒にも感じるでしょう。

　実際、広報PRの担当者としてこのような電話連絡をしたときには、「あとで確認しておきます」とか「必要がありましたらこちらから折り返し連絡を差し上げます」などとおざなりに対応されるケースがほとんどです。

　ただ常識の範囲内で丁寧に対応していれば、相手方に嫌われることもまずありませんから、必要以上に遠慮する必要はないと思います。

　新聞社や出版社などには日々プレスリリースが大量に届いていて、メ

ディア関係者がそれぞれの発信元を個別に認識するようなことはほとんどありません。また確認の電話連絡もそれなりの頻度でかかってくるので、たとえ「面倒だな」と思われたとしても、「この会社、許さん」と思われることはまずないのです。

そのため、私としてはプレスリリース配信後に電話確認をすることには、大きな問題はないと感じています。

横浜のある動物病院で、1年間同じプレスリリースをテレビ局に送付し続けていたら2年目でようやく使ってもらえた、しかもかなりよい取り上げ方だった、という事例も実際にあります。

もちろんこれはレアなケースですし、そこまで極端なことをするとさすがに嫌われるかもしれませんが、それくらいメディア側では個々のプレスリリース、特に採用しなかったプレスリリースについては意識していないということです。

実際に私の会社でも、同じ相手に何度も電話連絡することがあります。

さすがに同じ日に何度も電話をかけると嫌がられますが、毎月電話するくらいならトラブルになることはまずありません。

ただしその際には、**何度も電話をかけていることは匂わせない**ように注意が必要です。何度も連絡していることが相手にわかると、「まだ記事にしてくれないの？」と嫌味を言っているように聞こえてしまう恐れもあるからです。

また当然ながらPRネタとして使える、価値があるプレスリリースでなければいくら連絡しても使ってはもらえませんから、それだけの手間をかけるだけの情報の価値があるか、あらかじめ自問自答しておくことは必須となります。

送付後の電話ではプレスリリースに書いていないことを話す

では、確認の電話ではどのように話したらよいのか？

「当社のプレスリリース、届きましたか？」だけでは、相手の時間を無駄に奪うだけなので煙たがられるのがオチです。そうではなく、記者やディレクターの心をくすぐる内容を話すようにしましょう。

典型的な手法は、プレスリリースを送ったことを伝えたあとに、送付したプレスリリースに関係はしていても、紙面には書かなかった追加のネタや関連情報を紹介する、というものです。

いわゆる「開発秘話」や「裏話」などに該当するネタがお勧めです。「開発者や社長に直接、話を聞きませんか？」と誘導するのもいいでしょう。

変にもったいぶらず、「お送りしたプレスリリースに関して、さらに『開発秘話』をお伝えしたいのですが……」などと切り出すと、相手のさらなる興味を引き出しやすくなります。

複数回かけるときのタイミング

社会状況が変わったとき

何回か電話をしても、なかなかよい返事が聞けないという場合も当然あります。

そういったケースでは、**社会の状況が変わり、ちょうどいいタイミングになってからもう一度連絡をする**方法を試してみるとよいでしょう。

たとえば「定額の家事代行サポートサービス」に関するプレスリリースを出して、一度はスルーされてしまったとしましょう。何度か確認の電話連絡をしても、採用されることはありませんでした。

しかしその後、他の定額制サービスやサブスクリプション型のビジネスモデルが一般化してきた、あるいは大手の企業が家事代行サービスに参入してきたなどの社会状況の変化があれば、そのタイミングで「定額家事代行サポートサービス」についてのプレスリリースを再度送ったうえで新聞社などにダメ押しの電話連絡をすることで、「いまなら記事化にちょうどいい話題だ！」と考えてもらえることがあるはずです。

「前にプレスリリースをお送りしてから、ちょっと世間の状況が変わってきまして……」などと切り出せば、記者やディレクターが話に乗ってくる確率はぐっと高まります。

季節が変わってから連絡する

このほか、いわゆる「季節ネタ」の場合は、ネタごとにニーズが大きくなるタイミングがあります。何度かスルーされたらしばらくは確認の連絡を休み、季節が変わってその情報へのニーズが高まってきた段階で再度アプローチするのがよいでしょう。

一見、季節ネタではないような話題でも、新聞社や出版社にしかわからないような「この季節にはこの話題」という情報もあります（たとえば一部の月刊誌では毎年同じ時期に、同じような特集記事を掲載する傾向があります）。

目当てのメディアの研究をしっかり行い、該当するようならこの手法を試してみる価値があるでしょう。

プレスリリースは粘り強く 送り続けることが大切

プロでも百発百中は不可能

　ここまでの解説でプレスリリースの書き方や送り方についてはおおよそ理解できたと思います。

　プレスリリースはすぐに採用されるものではありません。競争が激しいので**1回や2回送って反応がなかったからといって、決してそこであきらめてはいけません**。実際に広報PRのプロである私の会社でプレスリリースを作成しても、百発百中で情報の露出を獲得できるわけではありません。

　最初のうちは2〜3か月ごとに必ずひとつはプレスリリースを出すと目標を決めて、継続的に情報開発をして出していきましょう。

　そうした取り組みを続けていれば、情報開発の手法やプレスリリースの書き方も上達してきますし、自社に合った送付先のリストもできてきます。

　そうすればいずれ、メディア関係者の目に留まる日が来るでしょう。

　広報PRに関する本のなかには「広報PRをするのにプレスリリースは必要ない」と主張するものもありますが、私の見るところ、それはすでにメディア関係者に広い人脈を持っているような、かなりのベテラン広報PRパーソンにしか当てはまりません。

　少なくとも初心者や中級者のうちはそうした言葉に惑わされず、より質の高いプレスリリースを継続的にアウトプットしていくことに集中すべき

です。

平凡な会社や製品にこそプレスリリースが重要

　継続的にプレスリリースを出していこうとするとき、「うちは平凡な会社や製品だから、リリースするネタが続かないだろうな……」などと思ってしまうのも大間違いです。

　もしかしたら本当に平凡な会社、製品であるのかもしれませんが、そこで働く人や想いも平凡なのでしょうか？

　そうではありませんよね。どのような会社にもかけがえのない想いがあり、伝えたい気持ちがあるはずです。

　プレスリリースはそうした想いや気持ちをユーザーに伝えるための橋渡し役であり、プレスリリースやニュースリリースを送らないことには、世のなかにそうした想いを伝えることもできません。

　みずからを平凡だと思っている会社こそ、プレスリリースを継続的に発信していくことが重要なのです。

　ぜひ、あきらめずに粘り強くプレスリリースの発信を続けてください。それこそが、みなさんの広報PRのスキルや人脈を高いレベルにまで引き上げる「王道」なのですから。

株式会社オーダースーツSADA
佐田展隆 社長

URL　https://www.ordersuit.info/
創業　1923年（法人化1957年）
事業内容　紳士・婦人オーダースーツ
　　　　　製造・卸・販売、オーダー
　　　　　制服・礼服製造・卸・販売

　創業100周年近くにもなる老舗のスーツメーカー、株式会社オーダースーツSADA。完全自社工場によるフルオーダースーツが手頃な価格で手に入るとあり、若い社会人を中心に話題となり、全国53店舗にまで成長しています。

　そんなオーダースーツSADAの佐田展隆社長は、実は一度、会社を倒産させています。父親から引き継いだときには、すでに経営が苦しい状態が続いており、リーマンショックによる金融危機で2億円近くの債務超過に陥りました。そこで、私的整理を決断。その後、会社はファンドの手に渡ります。

　その後、社員たちと支援銀行の熱いラブコールに応えて、再び会社経営を任されるという波乱に満ちた半生を歩んできた佐田社長。もう一度会社に戻ったきっかけは、自身のプライドのためではなく、このままでは会社をリストラされそうな従業員たちのためだったと言います。

――そのような状況で心機一転、再起を図った佐田社長が、広報PRに力

を入れようと思ったきっかけはなんだったのでしょうか？

　二度目の会社経営では、もう失敗は許されません。そのため、大胆な攻めのマーケティングをしようと考えていました。

　そこで思いついたのが、100着限定での1万9,800円のオーダースーツです。「経営者だけではなく、若い人でもオーダースーツを着られる」。そんなカルチャーを日本につくりたかったのです。

　ですが、結果は予想外なバッシングの嵐でした。

──開始当初のプロモーションは、予想外の逆風に遭ったと？

　ネット上では「1万9,800円でオーダースーツがつくれるわけがない」「こんなのは詐欺だ」といった心ない噂が飛び交いました。こうして、私の最初の試みはもろくも炎上してしまったのです。

──いまでは考えられないことですね。

　きちんと100着分のオーダースーツ生地も用意していました。

　私は若い人たちがオーダースーツを着て、誇らしげに微笑んでいる姿を想像していたのですが、オーダースーツへの固定概念を変えるのは思った以上に難しいことなんだ、私の考えは甘かったんだ、とい

格安オーダースーツだけでなく高級生地を使ったスーツを取り扱う新業態「オーダースーツ SADA プラス」を新展開。こちらも話題になっている。

うことがわかりました。それはそれで、収穫でしたが。

――そこから、「知名度」と「信頼度」を上げることを考えるわけですね。

　きちんとお客様のことを第一に考えてやっているのに炎上してしまう。これは、知名度と信頼度がないせいだと思いました。
　このままマーケティングをしていても、信頼がないからダメだと。それで、広報PRに先に取り組もうと決意したわけです。

――知名度のない会社が斬新なアイデアで広告・宣伝を出しても、「嘘をつけ」で終わってしまう、と考えられた？

　ちょうど生地の製造だけをする業態から、店舗を拡大させる小売りへと経営方針をシフトしていた時期でもありました。販促ではなく広報PRで会社を伸ばそう、そう決断したわけです。
　その後は、メディアに自社に対する興味を持ってもらうためにはどうしたらいいか、そればかりをスタッフと考えるようになりました。
　そうしたら、そのうちに「メディアに出よう」から、「メディアから声をかけられる理由をつくろう」に考えが変わっていったんです。メディアが取り上げる明確な理由がなければ、待っていても取材は入りませんからね。

――メディアから声をかけてもらうため、具体的には何をしたのですか？

　オーダースーツの敷居を下げていくことですね。
　オーダースーツは若者には高級すぎる品だ、というイメージを打破したかったわけですから、そうしたストーリーづくりから始めました。

――スーツで登山するPRイベントを行ったのも、そうした取り組みのひとつですよね。

　2013年、富士山が世界遺産に登録されたのをきっかけに、自社のオーダースーツを着て富士山に登頂して、その様子を撮影してYouTubeにアップしました。社長が自社製品で面白いことをすればバズる。そうすれば、メディアから取材の申し込みも来る。そう考えたわけです。
　もちろん、最初は批判的なコメントが増えて炎上するのではないかという不安もありました。しかし実際にはそうしたことはありませんでした。みなさん、すごく好意的に受け取ってくれたのです。
　さらに、その試みが日刊工業新聞社やいくつかのネットニュースに取り上げられて話題になりました。その後、スーツ着用でのYouTubeチャレンジは、スキーや魚釣りなどにも発展しています。

――取材メディアも徐々に大きくなっていったそうですね。

　産経新聞や日経MJなど、声をかけていただけるメディアの規模や影響力もだんだんと大きくなっていきました。特に新聞の効果は、他のメディアを呼び込んでくれる情報拡散効果だと私は思っています。
　結果、それから2年近く経って、それらの新聞記事を見た「ワールドビジネスサテライト」のディレクターから電話があり、テレビ取材が決まったわけです。

――「ワールドビジネスサテライト」に露出した反響はどうでしたか？

　もちろん新聞に露出してもそれなりに反響はありましたが、テレビの反響の大きさは、もう比較になりません。

まず翌朝から電話が鳴り止みませんでした。スタッフも大忙しで対応に追われました。さらに、自社のホームページのサーバーが落ちるというハプニングがありました。

テレビに出ると視聴者のアクセスが集中して、サーバーがダウンする。噂では聞いていましたが、まさか現実に目の前で、自社のホームページに起こるとは夢にも思いませんでしたね。

その後、テレビ露出をきっかけに出版社からオファーも受けて、本まで出版することになったわけです（『迷ったら茨の道を行け　紳士服業界に旋風を巻き起こすオーダースーツSADAの挑戦』ダイヤモンド社）。

──その後は立て続けに「ガイアの夜明け」「カンブリア宮殿」にも取材されていますね。

私の本を読んだディレクターから、カンブリア宮殿への出演オファーがありました。あとで聞いた話ですが、なぜうちが選ばれたかというと以下のふたつだったと言われました。

オーダースーツで登山する動画チャレンジは狙いどおり話題に。有名テレビ番組への出演オファーにつながった。

＊過去の新聞露出や、本の出版という豊富な情報源があった

＊取り上げても、倒産や不祥事を起こしそうになかった

「カンブリア宮殿」のディレクター曰く、取り上げてすぐに不祥事を起こしたり、倒産したりした企業も過去にはあったということでした。こうしたケースは、番組としてはあまり好ましくないそうです。

　一方、私たちの会社はこれまでに多くの新聞メディアに露出していて、好意的な記事が書かれている。そのために信頼に値する。そう判断したというのです。

——新聞での露出が、テレビでの露出につながった面が大きいということですね。

　テレビの場合、1社で5分以上の露出となると、豊富なネタがないとストーリーがつくれません。それこそ、起承転結がきちんと語れないとダメだと思います。

　ディレクターは事前取材のときに、すでに電話帳ぐらいの厚さになったうちの新聞記事を事前にリサーチして、丹念に読み込んだものを持参していましたよ。

【テレビ露出のポイント】

＊数多くの新聞に出ている

＊実績をきちんとデータで説明できる

＊密着型のテレビ番組の場合は、過去の露出記事を丹念に調べてから、
　事前取材に入る場合がある

――売上へのプラス効果も大きかったのですか？

　私が社長就任時に17億円だった売上は、2020年3月期には40億円と約2.5倍になる予想です。

――それはすごいですね。最後に、広報PRをするうえで気をつけていることはありますか？

　私の場合は、戦ってきたストーリーを全面に出すようにしていますね。神話をつくるようなイメージです。『神話の法則』（クリストファー・ボグラー／ストーリーアーツ＆サイエンス研究所）という本をご存じですか？　私はこの本の内容を参考に、ストーリーのどこを強調して、何を発信していくか検討しています。

　人の記憶にいちばん残るのは物語です。私は広告について「企業が声をからして叫びながら、営業をごりごりしている」と表現しています。しかし、それでは誰も耳を傾けません。

　一方でテレビや新聞は、「権威のある方のクチコミ」だと思います。だから、効果が期待できるのです。

　いいストーリー、いいブランディング、いい会社。

　メディアはあるがままにしか書いてくれないわけですから、こちら側でしっかりとストーリーを形にすることが大切だと思いますよ。

メディアの種類と
それぞれの攻略法

メディアの数は多いが
大きく3つに分類できる

　企業の広報PR部門でメディア（媒体）に情報を発信していこうと考えるのであれば、それぞれのメディアの特性や特徴についても詳しく知っておく必要があります。

　この章では、広報PRの働きかけの対象となるメディアごとの特徴と、それぞれの攻略法を深掘りしていきます。

大きく分けると3種類

　メディアの分類の仕方にもさまざまなものがありますが、私は以下の3種類に大別できると考えています。

①マスメディア

②インターネットメディア（ウェブメディア）

③ソーシャルメディア

　①のマスメディアはテレビや新聞、雑誌、ラジオなどに代表される伝統的な媒体です。よい意味でも悪い意味でも「オールドメディア」と表現されることがあります。

　不特定多数を対象にして、基本的には**"誰でも楽しめる情報"**を発信する「マス向け」のコンテンツ提供メディアです。

②のインターネットメディアは、パソコンやスマホを介してコンテンツを提供する媒体です。特に最近はスマホ向けコンテンツの影響力が大きくなっています。

　Yahoo!JAPANなどの大手ポータルサイトをはじめ、@コスメなどのクチコミサイト、そのほかにも各種の比較サイトやキュレーションサイトなどが挙げられます。

　③のソーシャルメディアはLINEやFacebook、Instagram、Twitterなどの個人が発信し、ユーザー同士が双方向で情報交換できるメディアの総称です。YouTubeやTikTokなどの動画サイトもこれにあたるでしょう。

　②のインターネットメディアに含むこともありますが、ポータルサイト

動画メディアの視聴時間は急激に伸びている

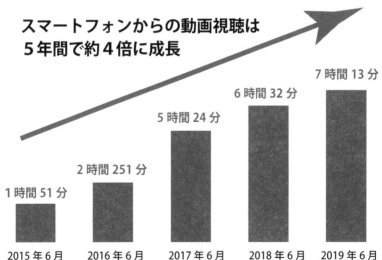

スマートフォンからの動画視聴は
5年間で約4倍に成長

7時間13分
6時間32分
5時間24分
2時間251分
1時間51分

2015年6月　2016年6月　2017年6月　2018年6月　2019年6月

※18歳以上の男女／ブラウザおよびアプリからの利用
出典：Nielsen Mobile NetView 2019/11/21 リリース
https://www.netratings.co.jp/news_release/2019/11/Newsrelease20191121.html

やキュレーションサイトなどにはどの情報を掲載するか判断する記者や編集者が存在するのに対し、**ソーシャルメディアでは情報の掲載は各ユーザーが自由に行える**という違いがあります。

　ここ数年はソーシャルメディアが非常に大きな力を持つようになっており、情報の拡散（バズ）が起きたときの影響力はマスメディアやインターネットメディアにも負けません。特にYouTubeなど動画メディアでの著名な配信者は、テレビに出演する芸能人と同等以上の影響力を持つようになっています（前ページ図参照）。

　実はかくいう私も、YouTubeでおよそ6万人（本書執筆時点）のチャンネル登録者がいるビジネスユーチューバーであり、その影響力の大きさを日々実感しています。

　なにしろいまや10代の多くは、テレビよりもYouTubeなどの動画メディアをより頻繁に視聴している、という調査もなされているのです。

　以下、まずは上記3タイプのメディアについて、さらに深掘りして解説していきましょう。

従来型のマスメディアを深掘りする

従来型のマスメディアについて詳しく見ていきます。

演出して、わかりやすく（面白く）、映像で伝える「テレビ」

まずはテレビです。

テレビはさまざまなメディアのなかでも露出に成功したときの反響がもっとも大きい「メディアの王様」です。一方で露出を獲得することがもっとも難しい媒体でもあります。

最近では視聴率の低迷や視聴年齢の高齢化などが話題にされることもよくありますが、100万人とか1,000万人という規模で「映像」「音」「キーワード」「臨場感」を伝えられるメディアはほかにありません。

その特徴をひと言で言い表すなら、事実を客観的に"演出"して、"わかりやすく（面白く）"、"映像で伝える"ことです。

この「演出」があることと、「映像」主体であるというテレビの特徴をしっかりつかんでアピールしないと、広報PRで露出を獲得することはなかなかできません。

またテレビに対する広報PRの働きかけは、プレスリリースだけでは難しいことも特徴として挙げられます。

前章でテレビ向けのプレスリリースのつくり方を紹介しましたが、テレ

ビでは独特なルールや番組のつくり方があるため、プレスリリースだけでは情報量が足りず、直接担当者への説明をするなどのフォローが必要になることがよくあります。

ふだんからメディアキャラバンをしっかり行って人脈づくりに努めるとともに、テレビに強い広報PR会社と契約するなどの対応も別途必要になってくるのが現実です。

テレビについては前章でもかなり詳しく解説しましたから、そちらの記述も参考にしてください。

ジャーナリズム精神が強く、一般市民からの信頼感が高い「新聞」

新聞は現在ある4つの主要マスメディア（テレビ、新聞、雑誌、ラジオ）のなかでもっとも古くから存在している媒体です。日本では明治時代から多数の新聞があります。そのため、社会的な権威性があります。**消費者や一般市民からかなり信用されている**のです。

その分、社会的な責任があることも認識しており、事実をできるだけ演出せず、そのまま伝える「報道機関」であることにみずからの存在意義を見出しています。

そうした新聞に自社の社名や商品／サービス名が掲載されれば、読者はあなたの会社やその商品／サービスもある程度信用するようになります。あからさまな虚偽情報や胡散臭い情報は新聞に載ることがないと人々が思っているからです。そして、実際にそのような怪しい情報が記事として取り上げられることはめったにありません。

最近は読者が減ってきているので、影響力も少しずつ小さくなっている

のは間違いありませんが、こうした高い信頼性を考えると企業の広報PR担当者としても新聞媒体とのつき合いは決して疎かにできません。

記者に好印象を与えられるようなプレスリリースを継続的に発信し、メディアキャラバンで直接接触する際にも、先方の担当者に自社がしっかりした企業だという印象を与えることが大事になります。

新聞は報道機関ですから、自社が社会通念上、問題のあるようなことをしていた場合には手厳しい指摘や検証をされることもあります。**常に「報道機関を相手にしている」のだという意識を持って、適度な緊張感のあるつき合いをする**といいでしょう。

電子版を除けば1日あたり朝刊と夕刊の2回しか刊行されませんから、深夜を除けば常に放映されているテレビや、365日24時間稼働しているウェブ媒体などと比べれば、時間的なタイムラグが生じがちであるというデメリットがあることも認識しておいてください。

中央5紙（+1紙）の特徴を把握する

新聞については、もう少し個別・具体的に特徴を把握しておきましょう。特に「**中央5紙**」あるいは「**五大紙**」については、広報PR担当者の必須知識としてある程度細かいところまで把握しておく必要があります。

「中央5紙」「五大紙」とは全国紙のことで、国内に多数刊行されている新聞のなかでもトップクラスの権威があるとされています。

実際、業種にもよりますが広報PRの仕事を続けていると「いつか中央5紙に自社の記事を載せたい！」と考えている人が多くいることがわかります。

その夢を夢に終わらせず、確実に実現するため、それぞれの新聞について詳しく知っておきましょう。

日本経済新聞： 前章でも触れたように、多くの広報PR担当者にとって日本経済新聞への情報露出を狙うのは最優先、かつもっとも実現の可能性が高いターゲットとなるでしょう。

　日本経済新聞はその名のとおり「経済」に特化した新聞であり、そこに記事が載れば多くのビジネスパーソンに読んでもらえるためビジネス上の発展性も期待できます。

　略称は「**日経**」や「**日経新聞**」で、特に上場企業やハイテクベンチャー、株式関係、経済全般や産業関係の記事が多いです。

　日本経済新聞の記者は「日経産業新聞」や「日経ＭＪ」の記者を兼任していることが多いのも特徴のひとつです。つまり同じ記者が取材しても、ネタの特徴やインパクトに応じて記事を掲載する媒体が変わるわけです。掲載先の判断は記者自身が行う場合もありますし、「デスク」と呼ばれる編集担当が振り分けることもあります。

　日経産業新聞と日経MJの特徴は以下のとおりです。

【日経産業新聞】

　産業・企業情報に特化した「ビジネス総合紙」です。テクノロジー、マネジメント、機械産業の分野を中心にニュースを掲載しています。

【日経MJ】

　消費、流通、マーケティングの情報に特化した専門紙です。日経MJならではの視点で書かれた記事はメディア関係者の評価も高く、読み応えがあります。「日経ヒット番付」をはじめ、企業の新たな取り組みやトレンドを頻繁に紹介しています。

　３紙を合わせて「**日経新聞３媒体**」と呼ぶこともあります。

こうした状況があるため、日経新聞の記者とコネクションがあれば、本紙はダメでも日経産業新聞や日経MJで記事にしてもらえる場合があります。

　「会社自体の情報」を露出させることよりも、「商品やサービスをターゲットに深く知らしめる」ことを目的にする場合、日本全体や業界全体レベルの記事が多い日本経済新聞の本紙は実はあまり向きません。あえて日経産業新聞や日経MJを狙って日本経済新聞の記者に働きかけていく、というのもよい方法だと思います。

　このほか日本経済新聞には経済の最前線で活躍した人物を紹介する「私の履歴書」という有名なコーナーがあり、そこに自社の社長を載せることを目標にしている、という広報PR担当者もよくいます。

　ただし、言うまでもなくすさまじい倍率ですし、業種によっては「そもそもジャンル的に絶対に載らない」ということもありえます。「私の履歴書」は長期目標として、通常の記事として経営者の情報を露出させることを目指すほうが現実的でしょう。

読売新聞：　国内ではもっとも購読者数が多いとされている新聞です。そのため「とにかくたくさんの人の目に触れさせたい」ときには、読売新聞での記事の掲載を狙う価値があります。

　また「社説のわかりやすさ」をはじめ、「誰でも理解しやすいように情報を紹介する」ことをモットーにしている媒体ですから、「こんな商品・サービスがバズっています」といった比較的俗っぽい情報でも読売新聞であれば取り上げてもらえることがあります。

　ユニークなコラムもいろいろとありますから、見識を広げるためにも一度は目をとおすようにしてください。

朝日新聞： 読売新聞に次いで購読者数が多いとされる新聞です。

社説や１面コラムの「天声人語」などは大学の入試問題に利用されることもあります。少数派の意見も大事にして、「公平で質の高い新聞」を目指しているとされます。

一般市民にとって身近で重要な題材を取り上げることも多いので、**自社の商品やサービスが人々の暮らしに直結しているようなものであれば、情報の露出を期待できる**かもしれません。

このほか、媒体の特徴としていわゆる「政治色」が強く、その論調が政権批判に傾く場合が多いことも挙げられます。

そのため中央５紙のなかではもっともアンチが多い媒体でもあります。感情的に朝日新聞を嫌い、なかには「朝日新聞に掲載されるような情報は、すべて信頼できない」という人もいます。

「商品やサービスの情報を記事として載せてもらう」だけであればさほどの悪影響はありませんが、広報PRの担当者として、そういう側面もあることは知っておく必要があるでしょう。

産経新聞： 朝日新聞とは逆の意味で、政治的なスタンスが明確な新聞です。つまり親・政権です。曖昧な意見は少なく、「産経新聞の見解はこうです」とはっきり示されることが多いです。それゆえに朝日新聞と同じように一定数のアンチ層がいることは覚えておきましょう。

他紙が扱っていないネタを取り上げることを好む傾向があり、たとえば週に１回「東京でトレンドになっているもの」を特集するコーナーがあります。

また**日本経済新聞に次いで経済ネタに強みを有しています**。ユニークな商品やサービスを取り上げてもらいたいのであれば、産経新聞を狙ってみるのもよいでしょう。

毎日新聞： 取材力が高いとされている新聞であり、記者との個人的なつながりを持つことができれば深い内容まで取り上げてもらえることがあります。

論調も比較的、中立的な新聞と言われており、「一般的な感覚を有している人が知りたいであろうこと」を中心に記事をつくっているので、**社会性や公共性の高い商品やサービスの情報は掲載してもらいやすい**と言えます。

反面、率直に言って広報PRの担当者が知っておくべき「特筆すべき特徴」のようなものもありません。

東京新聞： 東京新聞は一般的には「中央5紙」のくくりには入れないのですが、首都東京を地盤とする地方紙ということで、全国紙に準ずる影響力を持つためここで解説しておきます。

中部地方を地盤に持つ中日新聞と発行会社が同一であるため、**東京新聞の記者に働きかけることで、中日新聞にもある程度、働きかけることができる**という一石二鳥な面もあります。

東京新聞は東京のローカル紙ですから、地域ネタに強みを発揮します。また東京在住者であればマイナーな人物を取り上げることも好みます。特に生活面にその傾向が目立つようです。

地域に貢献することを是とする媒体ですので、**他紙が取り上げたことがない（あるいは、ほとんどない）、よりフレッシュなローカルネタが好んで掲載されます。**

逆に言えば、そのように情報を開発すれば露出を獲得しやすい媒体ということです。

各地域の大手地方紙も狙いたい

全国紙のほかにも、日本には各地域に比較的発行部数が多い新聞が多く存在しています。

これらの地方紙は掲載されたときの全国への影響力はさほどありません
が、**それぞれの地域内では大きな影響力を持っています。**

地域や県によっては地方紙のほうが全国紙をはるかに上回るシェアを有
していることも多く、決して無視することはできないメディアです。いく
つか例を挙げると、以下のようになっています（2018〜2019年）。

北海道： 北海道新聞　　約97万部（同地域での中央5紙合計　約40万部）
宮城県： 河北新報　　　約44万部（同地域での中央5紙合計　約17万部）
熊本県： 熊本日日新聞　約27万部（同地域での中央5紙合計　約10万部）

実際に地方に住んでいる方であれば、あえて言われなくてもその影響力
の大きさはご存じのはずです。

**「まずは地域の住民に広く知ってもらいたい」といった希望がある場合には、
エリアによっては全国紙よりも地方紙への掲載を狙ったほうが圧倒的に効率
的なことも多い**のです。

多種多様な情報を紹介する「雑誌」

雑誌は想定対象読者の年齢や性別、職業、趣味、ライフスタイルなど
をかなり細かく限定しているため、その他の媒体に比べて**情報を掲載した
ときに影響を与えられるターゲットがはっきりしている**ところが特徴です。

あるセグメントを狙い撃ちにできるため、自社の商品やサービスの対象
顧客層がはっきりしている場合には、その対象顧客層と想定読者層がかぶ
る雑誌を探し、情報の露出を働きかけていくのが有効です。メディア側と
しても、みずからの媒体の読者に喜ばれる情報となるので、掲載の獲得は
比較的容易です。

逆に言うと、**ターゲット層がかぶらない雑誌での情報露出にはあまり意味**

がありません。

また雑誌は回読性や保存性が高いという長所も持ち合わせています。**一度情報の掲載に成功すれば、何人もの読者に長期的にその情報を伝えられる**のです。

ひとつひとつの記事の文量も比較的多く、商品情報などを詳細に伝えることができる「情報の深さ」もあります。

雑誌関連では、近年はブランドを活かしたネットメディアの立ち上げが相次いでいますので、この新たなメディアを有効活用する方法も研究してみるといいでしょう。

リスナーが固定していて、効率よく宣伝活動ができる「ラジオ」

ラジオはご存じのとおり音声だけで情報を伝えるメディアです。情報があふれかえっている現在では、音声情報だけのラジオはさほど勢いがあるメディアとは正直言えませんが、工夫次第で「メディアの王様」であるテレビでの露出よりもPR効果が高くなる場合があり、そこが大きな魅力となっています。

ラジオを聴く人のことを「リスナー」と言い、ラジオリスナーはテレビよりも固定しやすい傾向があります。つまり、**それぞれの番組に一定の固定客がついています。**

また番組ごとにターゲットとなる層が固定されているため、ピンポイントで効率よく広報PR活動を行えます。この部分は雑誌によく似ているわけです。

たとえば地域情報を発信しているラジオ番組では、当然ながら地域の情報が多く取り上げられます。またそれぞれの地域の方言もよく使われます。リスナーはそこに親近感を抱き、その番組で取り上げられる情報も信用しやすいのです。

　このような特徴のあるラジオで一定のPR効果を得るには、どの時間帯で情報の露出を行うのかがポイントとなります。ラジオのリスナー層は、時間帯ごとにその特徴が大きく異なるためです。

　朝のラジオ放送を聴いているのはマイカー通勤中のビジネスパーソンが中心、お昼前後になってくるとリスナー層が少し変わって営業職や運送業の方、家事がひと段落した主婦など、さらに深夜時間帯は勉強中の学生や若者層……このように**主なリスナーが時間帯ごとに変わるため、提供する情報の内容もそれに合わせたものに変えていく必要がある**のです。

　たとえば昼間はラジオの「ゴールデンタイム」ですから、エコや子育てをテーマにした商品をアピールしましょう。

　あるいは若者の興味を刺激したいのであれば、深夜番組への広報PRの働きかけを強めるなどです。

　ラジオではこのように、自社や自社商品／サービスについての情報が取り上げられる時間帯も意識して、広報PR活動を行ってください。

通信社はマスメディアに含めて考える

　このほかテレビ局や新聞社にニュース記事を提供する通信社も、一般的にはマスメディアに含まれると考える場合が多いです。

　私が放送作家としてテレビ局に出入りしていたころは、共同通信専用の通信機械がテレビ局の報道局に置かれていました。海外で重大な事件があるとこの機械が警報のような音を鳴らして、世界中からの情報を次々提供

していたのを覚えています。

　その警報音が鳴ると、いつも報道局は慌ただしくなっていました。特に印象に残っているのは、9.11米国同時多発テロです。当時の報道フロアはまさに戦場のようでした。報道する原稿の順番が大きく変わったり、数分のうちにニュース原稿を書き起こして、スタジオのフロアディレクターに手渡したりすることもありました。

　こうした形で通信社からニュースを受け取っているメディアは、国内だけで100社以上あると言われています。

　また大きな国内ニュースは、海外のテレビ局や新聞社、通信社も購入しますから、**通信社からの情報発信は世界中に届くポテンシャルを持った情報になる**という特長があります。

インターネットメディアを
より深く理解する

速報性と波及効果などに優位性がある

　現代社会においては、インターネットで情報収集する人が大半です。

　そうなると、インターネットを使った広報PR活動に力を入れる必要があります。**インターネットメディアは私たち広報PR担当者にとって、テレビに次いで狙っていくべき主要メディアになったのです。**

　実際に近年ではマスコミ4媒体（新聞、雑誌、ラジオ、テレビ）への広告出稿金額は前年割れが続いていますが、インターネット広告だけは急速な成長を持続しており、その存在感を一層強くしています。

　こうしたインターネットメディアが、テレビや新聞、雑誌などのマスメディアに比べて圧倒的に優位な点は**速報性**と**波及効果**です。いま入ってきたばかりの情報を1秒で10億人に知らせることも可能です。このスピード感を活かさない手はありません。

　たとえば新聞社のサイトでは、およそ10分ごとに新しいニュースを更新しています。これは紙の新聞では考えられないことです。ウェブライティングも速報性を意識したものになっています。

　加えてインターネットメディアでは、前述したように記事の転載が広く行われています。そのためどこかひとつの**媒体で露出に成功すると、そのメ**

ディアと提携しているさまざまなメディアでも勝手に露出が広がっていく波及効果を期待できます。

　ネット上に掲載された記事は長期間保存されることが多いため、将来にわたっても影響力を保持し、個人ブログやTwitterへの転載なども発生することがあります。最初の掲載先でのページビュー（PV）以上に、多くの人に閲覧されることもあるのです。

インターネットメディアを大きく分けると6種類

　こうしたさまざまな特徴のあるインターネットメディアについて、より深く把握しておきましょう。大別すると6種類に分けられますから、まずはそれぞれの特徴をざっくりと把握してください。

（1）1次メディア（ニュースサイトなど）

「1次メディア」とは、**その媒体独自の記事が掲載されて、ネット上で情報の発信元になるメディア**を指します。

　私たちがスマホやパソコンで常日頃から目にしているニュースや、世のなかで話題になっているような時事的なネタは、1次メディアから流れてくることが多いです。

　新聞社系、通信社系、テレビ系、あるいは独立系のニュースサイトなどが該当します。

　PV数（そのページを見た人の数）なども多くなる傾向があり、露出した情報が信用される度合いも、ほかのインターネットメディアに比べて高い特長があります。

　ネット上で自社の情報を話題にする、つまりバズらせるためには、この1

次メディアに情報を掲載させられるよう積極的に努力していく必要があります。

（2）オウンドメディア

通常、**別に本業を持っている企業やメディアなどの組織が、独自に運営する情報発信型のメディアのことを「オウンドメディア」と言います**。もちろんただの会社のコーポレートサイトではなく、継続的に一般向けの情報発信やその蓄積をしているサイトのことです。

一例を挙げると、サイボウズ社の運営する新しい価値を生み出すチームのためのコラボレーションとITの情報サイト「サイボウズ式」などがあります。

こうしたオウンドメディアは大規模なところでは広告出稿なども受けつけています。また、うまく話をつければ記事での情報露出も可能です。

そうした形で情報を露出できれば、それぞれのオウンドメディア運営企業の商品やサービスに好意的な印象を持っているユーザーに直接働きかけることができるのです。

業種や企業規模にもよりますが、自社でオウンドメディアを立ち上げてそのなかで継続的に記事を公開していくことで、広告費や広報PR費用を節約することも可能でしょう。

（3）2次メディア（ポータルサイト）

1次メディアが配信しているニュースや記事を、2次的に掲載しているメディアのことを「2次メディア」と言います。見出しや本文もそのまま転載していたり、見出しのみを変更していたりします。

なかでも特に**PV数が大きな2次メディアは「ポータルサイト」と呼ばれます**。Yahoo!JAPANやLINE NEWSなどが該当し、インターネットメディアのなかでももっともアクセス数が多くなる媒体です。

性別・年齢を問わず圧倒的多数のユーザーに情報を届けられます。

（4）コミュニティメディア

　一般の消費者が情報を提供することによって、内容が充実していくメディアのことを「コミュニティメディア」と呼びます。「コンシューマージェネレイテッドメディア（消費者生成メディア）」という呼び方をすることもあります。

　代表例を挙げれば、「価格コム」「食べログ」などが該当します。

　広告枠を設定しているところも多く、多様な属性を持ったユーザーに対して安価な広告費で情報の提供ができます。そのため近年、広告の出稿数が伸びています。

（5）バイラルメディア

　バイラルとは「ウィルス性の」「感染的な」という意味です。バイラルメディアはFacebookやTwitterなどのSNS（ソーシャルメディア）の情報を拡散する機能を持ち、インパクトのある動画や画像を中心にした記事を掲載することで一気にアクセスを集めます。

　事例を挙げると、ゲーム実況動画などを紹介するGAMYや、SNSで話題になったネタを紹介するBuzzFeedなどがあります。

　その特性上、**利用者の年齢層は若く、高齢者に対してのアプローチは困難**です。そうした点を理解したうえで、若い年齢層のターゲットのアクセスを集中的に集めたいときには、ぜひとも狙っていきたいメディアとなります。

（6）ソーシャルメディア（SNS）

　個人が行う情報の発信や交友関係の構築などを目的として、多数の人に利用されているメディアです。

近年では個人だけでなく、法人もその有効性に注目し、SNSを利用して情報発信をしているところが増えています。

　SNSでフォロー数が多い人（つまり人気がある人）は「**インフルエンサー**」と呼ばれ（意味は「影響を与える人」）、何気ないひと言でも大きな影響を与えることがあります。その影響力は、ときにはマスメディアを凌ぐこともあるほどです。

　「シェア」や「いいね」「リツイート」などの機能によって、情報連鎖を起こしやすい設計になっており、近年では広報PRの担当者が決して無視できないメディアになっています。

ソーシャルメディアを深掘りする

それぞれに特徴がある

ソーシャルメディアについてはもう少し具体的に見ておきましょう。現在、国内で人気のある6種類についてざっくり解説していきます（ユーザー数などは本書執筆時点での最新の値）。

(1) ブログ、note

個人や団体が日記形式で自分の意見などを書き、他者とのつながりをつくるのに適した媒体がブログです。

Amebaやライブドアなどさまざまな業者がブログサービスを提供しており、それぞれに多少の特色があるものの、大まかなサービス内容は変わりません。

通常、文量に厳しい制限がないため、**必要に応じて長文を掲載できる**ところが最大のメリットでしょう。

最近ではコンテンツの有料販売をしやすく設計しているnoteという類似のサービスも人気です。

さまざまな属性のターゲットに安価にアプローチすることが可能です。

広報PRの働きかけとしては、**特に人気のある「アルファブロガー」に情報提供をして、記事化してもらう**などの手法があります。ただし文章主体

で読むのにも時間や労力がかかるため、対象読者を選ぶ側面があります。最近では他のSNSサービスのほうが人気があるため、この手法はあまり使われなくなってもいます。

また**自社でブログを運用し、情報を発信していく使い方もあります。**この場合、自社のオウンドメディアの一部に組み込むこともよく行われています。

(2) Facebook

Facebookは世界最大級のSNSであり、世界の月間アクティブユーザー数は23億7,500万人、日本では2,600万人程度がいると言われています。まさにSNSの元祖とでも言うべき存在です。

広報PRではなく広告・宣伝の分野の話になりますが、Facebookではその膨大なユーザーに対してさまざまな形の**Facebook広告**を打てるのが特徴のひとつになっています。

広告を表示させるターゲットの属性を細かいところまで設定できるのが強みで、使い方をマスターすれば効率的な広告・宣伝戦略を展開することも可能となるでしょう。

広報PRの施策としては、自社や経営者の公式アカウントの開設などが主となります。

(3) Twitter

Twitterも非常にポピュラーなSNSで、世界の月間アクティブユーザー数は3億3,500万人、日本でも4,500万人超いると言われています。**最大140文字という短い「つぶやき」を主体にしたSNS**です。

Facebookに比べて年齢層が若いユーザーが多いのが特徴で、一般のユーザーだけでなく企業、キャラクター、政治家、芸能人などが盛んに情報発信をしています。

情報の連鎖が発生したときの爆発力は高く、大きな影響を与えることがあります。ただしその分、いわゆる「炎上」もしやすい媒体なので、公式な発信の場合には十分注意して対応しなくてはなりません。

　なお、Twitterでも広告を打てますが、Facebook広告よりも設定が難しいとされています。

（4）YouTube

　もはや「ユーチューバー」という言葉を知らない人はいないぐらいに有名になり、大きな影響力を持つようになった動画サイトです。

　世界でのユーザー数は20億人以上、日本でも6,200万人ほどが利用しているとされます。

　広報PRの施策では、**著名なユーチューバーに情報提供をすることで、紹介情報の露出を図る**などがありますが、人気のあるユーチューバーには依頼が殺到するため、競争率もかなり高い状態になっています。

　ある程度人気が出たユーチューバーはマネジメント会社と契約するようにもなっているため紹介情報の掲載にも尺の長さごとに価格がつき、広報PRというよりは広告や宣伝に近い状態になっている現状もあります。

　自社の公式アカウントをつくって、商品やサービスの紹介動画をみずから公開する方法ももちろん使えます。

（5）LINE

　日本国内でおよそ8,400万人、その他、韓国なども含めると2億人を超えるユーザーを抱えているSNSがLINEです。

　当初は若年層のユーザーが大多数でしたが、いまでは40歳以上のユーザーも増え、広く日本人一般に浸透しているSNSと言えます。

　そのサービス内容はもはや説明するまでもないでしょう。**スタンプを利用したメッセージサービス**をはじめ、多種多様なサービスを利用できます。

広報PRの施策としては、自社の公式アカウントをつくったり、イベントスタンプを作成して配布したりなどの選択肢があります。

もちろん広告を出稿することも可能です。

(6) Instagram

世界で10億人に利用されているのがInstagramです。日本では3,300万人が利用しています。後発SNSでありながら急激に利用者数を伸ばしており、世界の利用者数ではTwitter人口を超えています。

Instagramの特徴は、なんといっても**20代などの若年層からの支持が強く、また利用者の半分以上が女性**だということ。

もともとは写真に特化したSNSでしたが、最近では動画投稿も人気になっています。

もちろん広告出稿も可能で、自社の公式アカウントをつくる企業も多くあります。

(7) TikTok

TikTokは15秒程度の短い動画を投稿・加工・共有できるSNSです。

音楽に合わせた動画を撮ったり、編集したりして、共有して楽しみます。

世界のユーザー数は5億人を超え、急激に伸びているSNSです。日本の国内ユーザーはまだ1,000万人というあたりですが、今後さらに伸びていくでしょう。

ただし、開発元が中国企業ということで米中対立の余波を受け、今後サービスの提供体制がどのような形になるのか多少不透明になってきている点には注意が必要です（本書執筆時点で、すでにサービスの提供が禁止されている国もいくつかあります）。

自社に合致するメディアを重点的にチェックし、狙っていく

すべてに働きかけている時間はない

　ここまで現在国内に存在している主要メディアについて紹介してきました。このほかにも常にさまざまなメディアが生まれたり、なくなったりしていますが、それらの新しいメディアについては影響力が大きくなってから対応していけばいいでしょう（個人的には、今後はインターネットテレビが大きな影響力を持つようになるのではないかと考えています）。

　いずれにせよ、時代が進むにつれてメディアの種類は増えてきました。伝統的なマスメディアに加え、各種のインターネットメディアは時間の経過とともにその数をどんどん増やしています。

　こうした状況で、とにかくすべてのメディアに等しく広報PRの働きかけをしていく、というのは非現実的です。そもそもすべてのメディアのチェックをすることすら、時間的にも人的なリソース的にも不可能です。

　結局のところ**ある程度は取捨選択して、自社や自社の商品／サービスのターゲットと利用者がかぶるメディアや、特に影響力が大きなメディア、情報の連鎖や拡散につながりやすいメディアなどを選び、そこに働きかけを集中させるしかありません**。それ以外は切り捨てるのです。

　このとき意識しておきたいポイントや、働きかけの対象に残しておくべきメディアの特徴について解説します。

同業他社を頻繁に取り上げているメディア

　まずあなたの会社と同じ業種のライバル企業を積極的に取り上げているメディアは確実にチェックし、また継続的に働きかけるようにしましょう。

　どのメディアがそれに該当するかは、自社にとってのライバル企業のウェブサイトにある「メディア掲載情報」などを見れば確認できます。あるいは検索サイトでライバル会社の会社名や商品名／サービス名で検索すると、関連する記事に直接たどり着ける場合もあります。

　そうしたメディアは、すでにあなたの会社が属する業界の情報を掲載した実績があるということですから、あなたの会社の情報も掲載してくれる可能性があります。

　どのような形での紹介だったのかも参考にしつつ、確実に情報提供していくようにしましょう。

地元のローカル番組や地方紙は確実に押さえる

　地方にある企業であれば、地元密着型のメディアとはこまめに接触をとるように意識します。

　これらの地元メディアでは情報の露出も獲得しやすいですし、地元の消費者への影響力も大きいからです。

　ネタに困っている場合も多いので、掲載に関する難易度の低さも狙い目です。

　なお東京の会社であっても地元メディアはあります。「NHK首都圏ニュース」や「テレビ東京」、「東京新聞」などの比較的大きなメディアもその実態はローカル局やローカル紙であり、地元企業に対しては掲載時のハード

ルが低くなる可能性があります。

ハブとなる大手ウェブメディア

　Yahoo!ニュース、スマートニュース、東洋経済オンライン、プレジデントオンライン、ライブドアニュースなどの**大手ポータルサイトは、ネット上のバズの起点となることがよくありますし、メディア関係者は誰でもひととおりチェックしていますから、広報PRの担当者も必ず目をとおすようにして**ください。

　もう少しマイナーなところだと、ハフィントンポストや「ねとらぼ」、NewsPicks、グノシー、アンテナなどもチェックしたいところです。マイナーとは言いましたが、いずれも月間500万PVを超える大手サイトです。

　それ以外のインターネットメディアはいまや何千サイトもありますので、あまりにも月間PV数が低いものや、自分たちの企業の業種と関係ないものなどは省いて考えてしまってかまいません。押さえるべきは情報のハブとなるメディアです。

　こうした**大手のポータルサイトでは「情報の早さ」や「情報の奇抜さ」、「テレビではあまり紹介できないようなマニアックな情報」が重視されます。**

　そのため誕生して間もないような会社であっても、情報開発の仕方次第では大手のウェブメディアに取り上げられて大規模なバズを引き起こせる場合があります。

　小さな会社だから、まだ新しい会社だからとあきらめず、狙いすました情報の提供を行っていきましょう。

YouTubeなどのネット上の動画メディア

　広報PR担当者として、今後はYouTubeに代表されるネット上の動画メディアをしっかりチェックしておくべきだと私は考えています。

　ここまでに示した3つのメディアほど重要性が高いわけではありませんが、今後、こうしたネット上の動画メディアはますます影響力を拡大していくと思われるため、いまから詳細を把握しておくようにすると先々役立つはずです。

　多くのユーチューバーは純粋に視聴者を楽しませるために動画を投稿し、動画の冒頭や途中に流される広告動画によって発生する広告収入を得ています。しかし、ときどき「**企業案件**（企業タイアップ）」と呼ばれるタイプの動画を公開することがあります。

　これは前述したように企業側がお金を支払って、なんらかの宣伝をしてもらう動画のことです。人気のあるユーチューバーであれば、ひとつの動画が数十万〜数千万回以上再生されるのが普通ですから、ターゲットによってはテレビ以上の宣伝効果を期待できることがあるのです。

　また最近は、企業自体もスポンサーとして後援するテレビ番組を持つように、公式のYouTubeチャンネルを持つことが多くなってきました。ひと昔前に多くの企業がこぞってブログサイトを保有したように、各社が自社の動画サイトを持つようになる動きがますます加速しています。

　こうした新しい動きに置いていかれないよう、YouTubeに限らずネット上の動画メディアについてはしっかり動向をフォローすることをお勧めします。

基本は地道にメディアリストをつくってプレスリリースから

どのようなメディアでもそう変わらない

　多数あるメディアのなかから狙っていくメディアをある程度絞り込んだら、まずはそれらのメディアの関係者リストをつくっていきます。「**メディアリスト**」です。

　といっても最初は各社の代表番号くらいしかわかりませんから、その番号に電話して、「プレスリリースを作成したので○○の番組/編集部/担当部署に送付したいのですが、どうすればいいでしょうか？」と**直接聞いてしまうのが基本**です。

　大抵の場合、テレビ局なら番組宛てのFAX番号を、新聞社なら担当部署のFAX番号やプレスリリース専用番号など教えてくれます。このとき、できれば担当窓口の電話番号も聞き出せるように努めましょう。そういった形であなたが狙いたいメディアのコンタクト先を集めて、エクセルのデータなどに一元化していきます。

　ある程度まとまったら、必要に応じて先方の承諾を得ながら、プレスリリースを配信します。配信後に電話連絡して関係を深めるのもお勧めです。

　これは大手上場企業の広報PR担当者も行っている、もっとも基本的なメディアへの一斉配信手法であり、そこから関係性をつくっていく方法でもあります。

　無料で送れて、確実に届く方法ですから、この基本を地道に行ってい

くのがよいでしょう。

とはいえメディアごとにプレスリリースの送付法や載せるべき内容には多少の違いがありますので、その点については第4章を再確認してください。

ここではそうしたメディアリスト作成の際に注意しておくべきことをいくつか指摘しておきます。

一度の電話では一箇所の連絡先だけ

ひとつには、プレスリリース送付先の問い合わせ電話で「ほかの番組や編集部の連絡先もついでに教えてほしい」などと決して相手に言わないことです。

メディアキャラバンは恋愛に似ています。 そのコーナーや番組に出したい、という明確な意思や熱意があるからこそ、相手の記者やディレクターも最低限こちらの話を聞く態度をとってくれます。

そのメディアに伝えたい、そのコーナーの読者や視聴者に知ってほしい、だからいまこうして電話してるんです——そういった情熱を明確に示さなければ、相手も忙しいのですぐにぞんざいに扱われてしまうでしょう。

それなのに「別の番組の連絡先もついでに教えてください」では、メディア側が失望するのは避けられません。

これが電話口で別のコーナーの担当者も教えてくださいと尋ねることがNGな理由です。

広報PR関連の本を読んでいると、「記者から、さらに別の記者を紹介してもらいましょう」などと書かれていることもあるので、つい鵜呑みにしてしまう方もいるかと思いますが、それはすでにある程度の人間関係やコミュニケーションが成立している場合にのみ実現できるノウハウだということを認識しておいてください。

記者やディレクターは短ければ１年で担当コーナーを外れたり、番組の入れ替えで移動したりします。特にテレビ番組の場合は４月と９月の年に２回も番組の改編時期がありますから、社内での異動は頻繁です。いくら番組の視聴率が好調でも関係ありません。

　経験豊富で有能なディレクターほど、局の意向で立て直しが必要だったり、期待されていたりする新しい番組へ移っていきます。こうした異動はディレクターにとっては出世であり、名誉なことでもあるのです。

　そうした事情があるため、すでに定期的なコミュニケーションができていて互いに顔と名前が一致するような関係であれば、「新番組（コーナー）でもよろしくお願いします！　……あと、申しわけありませんが、後任の方もご紹介いただけますか？」などと声をかけることが許されるのです。この場合であれば、相手もその番組の後任にとって頼りになる、信頼の置ける情報源や味方として、あなたを紹介してくれる可能性が高いでしょう。

　しかしなんの面識もない他人から、いきなり「隣のスタッフもついでに紹介してください」と催促されたら、ふだんは温厚なメディア関係者でも心証を悪くします。

　決してそのようなことにならないよう気をつけてください。

電話でプレスリリースの内容を説明しない

　もうひとつ気をつけたいのが、**電話に出た相手に直接、商品やプレスリリースなどの売り込みをかけないようにする**ことです。

　どのメディアでも電話に最初に出るのはアシスタントか、その下のアルバイトスタッフであることが多いです。

　こうしたスタッフにはほとんど決裁権がありませんから、いくら電話口で説明しても意味がありません。

　なお、然るべき人につないでもらってから電話で説明する、というのもお勧めはできません。こうした立場の人は忙しいので、いきなり電話で説

明されても時間をとられてイライラするだけです。なかには何も言わずに電話を切ってしまう人もいます。

　説明をしたいのであれば「簡単に説明に伺わせてもらえませんか？」などと聞いて、きちんとアポをとり、対面して説明するようにしましょう。これなら相手の名刺も入手でき、関係の強化にもつながります。

季節ネタは早めに動く！

　電話でのキャラバンを仕掛ける場合、狙い目の時期やタイミング、逆に避けるべき時期やタイミングの両方がありますから、この点にも気をつけてください。

　たとえばクリスマス特集での情報露出を狙うのであれば、12月に入ってからメディアに接触しているようでは遅すぎます。**テレビなどは11月に入った段階からクリスマス前後に紹介するアイテムやスポットを探し始めていますから、少なくとも11月上旬くらいまでにはプレスリリースを完成させて**目当てのメディアに送付しなければなりません。

　この狙うべき時期や避けるべき時期は媒体によっても変わります。

　雑誌は特に早く、3か月くらいは先の取材先を常に検討しています。仮にいまが秋なのであれば、冬をとおり越して春先のファッション特集を企画しているイメージです。

　その他、特に**季節ネタについてはテレビはおよそ1か月半前、新聞は3週間くらい前、ウェブメディアで1〜2週間くらい前から、取材先探しに動いている**と考えればいいでしょう。

プレスリリース送付後にヒアリング、
内容をアレンジしつつ波状的に情報提供する

　こうしたメディア側の事情を考えれば、バレンタインデーや父の日、母

の日、海の日などの**季節イベントに関連したPRネタは、少なくとも２か月**
前から準備をして、１か月半くらい前には一度プレスリリースを配信したほ
うがいいでしょう。

　そのうえで、しばらく時間を置いて再度メディアに接触していきます。

　プロのキャラバンというのは、波状的に仕かけるものです。

　一巡目を終えたら、メディアの反応を見ながら再度、二巡目のキャラ
バンを仕かけます。間隔としては１〜２週間程度の間を置いて仕かけます。

　また二巡目のときには、**一巡目のプレスリリース送付後にメディアヒアリ**
ングを行い、改善点があればその内容に沿って当初のプレスリリースに加筆
やアレンジを加えてもかまいません。

　季節イベントは定期的に巡ってきますから、たとえば12月のクリスマス
に向けたメディアキャラバンの時点で、次のバレンタインに関するメディ
ア側のニーズなどを聞き出すようにするのもお勧めです。時間は有限です
から効率的に広報PR活動を行っていくべきなのです。

　それぞれの季節にどんなイベントがあるのかも、おおよそ理解しておく
必要があります（次ページ図参照）。

季節のイベントカレンダー（主なもののみ）

	主な祝日・季節イベント	連休・長期休暇	その他の主な季節ネタ				
			セール	レジャー・行楽	お悩み	ギフト・贈答	学生
1月	1/1 元旦 1/13 成人の日	冬休み	福袋 新春初売り	ウィンター スポーツ 夜景	風邪 食中毒	お年賀	受験
2月	2/3 節分 2/11 建国記念の日 2/14 バレンタインデー 2/23 天皇誕生日					バレンタインデー	
3月	3/3 ひな祭り 3/14 ホワイトデー 3/20 春分の日	春休み		お花見 植物園 ピクニック 旅行	花粉症	引越し祝い お彼岸 ホワイトデー	卒業式
4月	4/12 イースター 4/29 昭和の日					新生活祝い	入学式
5月	5/3 憲法記念日 5/4 みどりの日 5/5 こどもの日 5/10 母の日	ゴールデンウィーク		旅行 登山 トレッキング 水族館 動物園	五月病 紫外線 カビ 湿気	母の日	運動会
6月	6/21 父の日		夏物セール			ブライダル 父の日	
7月	7/7 七夕 7/23 海の日 7/24 スポーツの日			海水浴 プール 野外フェス 夏祭り 花火	熱帯夜 日焼け 熱中症	お中元 暑中見舞い 残暑見舞い	
8月	8/10 山の日	夏休み				帰省の土産 お盆	
9月	9/1 防災の日 9/21 敬老の日 9/22 秋分の日	シルバーウィーク		キャンプ ハイキング 紅葉 果物狩り	花粉症 台風	お彼岸	運動会
10月	10/31 ハロウィン					ブライダル ハロウィン	
11月	11/3 文化の日 11/15 七五三 11/23 勤労感謝の日		冬物セール	ウィンター スポーツ 夜景	冷え 大掃除	七五三	
12月	12/25 クリスマス 12/31 大晦日	冬休み	ブラックフライデー			お歳暮 クリスマスプレゼント	

プレスリリースの次はメディアヒアリングでPDCAを回す

役に立つフィードバックを得るには

　前項や前章でも述べたように、プレスリリースを送ったら送りっぱなしではなく、その内容についてどう感じたか、またどのようなところを修正すれば取材につながるかなどをメディア関係者から直に聞き出す「メディアヒアリング」を行うことも必要となります。

　前章で述べたように電話で確認してもかまいませんし、うまくアポイントメントがとれたら直接メディアを訪れて、対応してくれた人に話を聞くのもいいでしょう。

　そのようなフィードバックをみずからの発信する情報に反映させてアレンジし、メディアが好む内容に変えて何度も波状的に働きかけるわけです。もちろん相手は多忙なメディア関係者ですから、メディアヒアリングを実施する際には失礼がないよう対応することが大切です。

　ヒアリングで相手に投げかけるべき質問は、主に以下の4つです。

（1）直近ではどのようなことに興味がありますか？
（2）いまはどのような記事／ネタを探していますか？
（3）今後、決まっている特集／特番枠などありますか？
（4）このプレスリリース（情報企画）の内容はどうでしたか？

このような形でメディアヒアリングを行うと、最近どのような記事をメディアが書いているのか、あるいはどのような企画を探しているのかがわかります。

たとえばキャッシュレス時代の現在どういった決済方法が話題になっているのか、働き方改革に関して中小企業のどのような問題を取材したいと考えているのかなどです。

そうしたネタや情報をメディアヒアリングでつかむことができれば、そのニーズに自社が発信するサービスや情報、コンテンツなどを寄せていくことができますから、取材にまで結びつく確率もぐっと上がるでしょう。

また特に忘れてはいけないのが（4）「このプレスリリース（情報企画）の内容はどうでしたか？」をきちんと聞いてくることです。

自分たちの発信したコンテンツがメディア関係者の関心とずれていないかどうか、またずれている場合にはどこがダメなのか理由を探ることができれば、次にどのような一手を打ち出せばいいのか把握できます。

これが、広報PRにおける実践的なPDCAサイクルなのです。

例を挙げます。私の会社で、あるドローンの世界的メーカーの広報PRをお手伝いしたことがあります。赤外線でダムなどの巨大な構造物の欠陥を探知する工業用ドローンなど、その性能は驚きの連続で「これは簡単にPRできるぞ」と最初は思っていました。

しかし実際には、当初のメディアキャラバンは失敗の連続でした。

そこで、テレビ東京の「ワールドビジネスサテライト」のディレクターに情報提供をしたあとに、なぜ取材しようと思えないのか単刀直入に感想を求めるメディアヒアリングを行ったのです。

するとそのディレクターはこう理由を述べました。

「高額で高性能なドローンには興味がないよ。それよりもドローン操縦士

というのは今後どうなるの？　稼げる職業なのか、稼げない職業なのか？お茶の間の興味はそっちにあるんだよ」

ともすると私たちは機能面の優位性にばかり気をとられ、生活者が本来求めている情報を見失いがちです。

しかしそれではメディアの関心を得ることはできません。大切なのは**自**

メディアヒアリングシートの例

☑ **この企画（プレスリリース）の内容はどうでしたか？**

☑ **この企画（プレスリリース）に興味を持たれなかった理由はなんですか？**

☑ **どのような要素が加われば、前向きに検討できると思いますか？**

☑ **時期やタイミングをずらせば検討していただけますか？**

☑ **いま、番組（編集部）で探している情報やトレンドはなんですか？**

☑ **番組（編集部）で取り上げたいと会議で言われているけど、取材対象が見つかっていないネタってありますか？**
　　※「代わりに探してきますよ」というニュアンスで打診する

☑ **あなた（ディレクターや記者、編集担当）が個人的に興味を持っているトレンドはありますか？**

☑ **あなた（ディレクターや記者、編集担当）は、なぜそれに興味を持たれたのですか？**

☑ **もし上記のネタを探してきたら、またお会いしていただけますか？**

　　　　　　　　　　　　　　　　　　　　　　　　　　　　　など

社が発信したい情報とメディアが求める情報の、その中間点はどこなのかを把握することです。それさえ知ることができれば、露出の機会は飛躍的に多くなります。

　先ほどのケースでは、ドローンスクールの操縦士たちの年収がどのように上がっていくか、その業界予想をシミュレーションし、客観的なデータとしてアレンジしたプレスリリースに含ませ再度情報提供することにしました。結果、見事に「ワールドビジネスサテライト」への露出が決まったのです。これがメディアヒアリングの効果です。

　前ページの図は弊社で使用しているメディアヒアリングシートです。よろしければこちらも参考にしてください。

メディア関係者が忙しい時期やタイミングは避けること

　メディアヒアリングでは電話でコンタクトしたり、訪問したりする時間帯についても気をつけましょう。

　たとえばテレビであれば、ニュース番組や情報番組の関係者が忙しい時間帯というのは番組ごとに大体決まっています。そのため、それらの時間帯に接触するのは基本的に避けるようにします。

　具体的には目当てのニュース番組や情報番組がまさに放送されている時間帯や、準備に追われているオンエアーの１～２時間前まで、さらには放送後の２～３時間は関係者が非常に忙しくしているので必ず避けるようにします。特に番組の放送直後については、反省会や視聴者からの問い合わせへの対応でディレクターがいちばん殺気立っているので避けたほうが無難でしょう。

逆に言えばそれ以外の時間帯は、番組の関係者は比較的自由に動けます。もちろんさまざまな業務や取材をこなす必要があるので、彼らは常に忙しいのですが、傾向として手が空きやすい時間帯というものがあるわけです。

　私の経験では、**朝のニュース番組の関係者では夕方の時間帯が比較的、手が空いています。**

　逆に**夕方のニュース番組の関係者であれば、お昼前後がよいでしょう。**午前中の早い時間帯には担当者が出社していないことが多いので、お昼の時間帯を逃さないようにコンタクトをとってください。

　テレビ以外のメディアについては、新聞は昼間は記者がほとんど社内におらず取材に出ているので、**直接電話などで話したいときには夕方〜夜間を狙ったほうがコンタクトしやすいでしょう。**

　雑誌やウェブメディアは比較的いつでもアクセスできますが、雑誌については刊行日の10日くらい前の印刷所への入稿タイミングは避けたほうが喜ばれます。

　もう少し長いスパンのタイミングで言うと、**春休みや夏休み、シルバーウィークや年末年始などの連休や長期休暇の前は、どのようなメディアでも特番や特集記事などの対応で関係者が大忙しとなるので、あまり頻繁なコンタクトは嫌がられますから避けてください。**

　テレビに関しては3〜4月の春の番組改編期や、9〜10月ごろの秋の番組改編期も避けるようにします。

　こうしたメディアごとの繁忙期の知識があれば、たとえばある商品を冬に情報露出させたいとなったとき、メディアが多忙な12月に発表するのではなく、比較的メディアがひまな1月や2月へとあえて情報露出を遅ら

せることで、メディア掲載の可能性を高めるといった対応もできます。

そういったメディアとの駆け引きも、広報PRの担当者にとっては大事な仕事と言えるでしょう。

絶対に言ってはいけないこと

加えてもうひとつ知っておいてほしい点が、「**メディアヒアリングの際に『報道の前に内容を確認させてください』と言うのはNGだ**」ということです（そのほかの場面でも同様ですが）。

ニュース番組や新聞に携わる報道関係者には、それぞれに独自の「報道ルール」があります。このルールでは、報道をする前にその内容を外部に漏らすことは絶対にしてはいけないことになっています。さもないと権力者などによって報道そのものを事前に止められてしまうこともあるからです。

このルールは非常に重要な原則となっていますから、「事前に番組／記事の内容を確認させてください」などとあなたが確認した時点で、相手のメディア関係者には「なんて常識がない広報PR担当者なんだ」と思われてしまいます。

報道ではない情報番組やカジュアルな雑誌などでは、メディア関係者の好意で予定の内容を確認させてもらえることもありますが、この場合でも記事や放送内容の事実関係が間違っていないのであれば、細かい数値や記事内容を変えてもらうようお願いすることはやめたほうがよいでしょう。

取材をした結果、どのような内容の記事や番組にするかはメディア側の決めることであり、そこに口を挟むともう二度と取材してもらえない可能性があります。

この部分は「メディア側の編集権」という言葉で、いわゆる言論の自由

の一部としてメディア関係者が非常に大切にしている部分なので、慎重に対応しなければなりません。

　メディアヒアリングの際だけでなく、取材時にも十分に気をつけるようにしてください。

取材前に必ず暗記しておく べき6つの自社情報

まずは自社について知りつくしましょう

　プレスリリースの送付やメディアキャラバンの結果、首尾よく取材を獲得できたら、メディア関係者が会社にやって来る前に**自社に関する情報の完全把握**を終了させておきましょう。そもそも広報PRの担当者に着任した段階から、社内において「自社についてもっとも詳しい人物になること」を目指すようにしてください。

　たとえばメディアの記者に「御社の昨年の年商はどれくらいですか？」と聞かれたとき、「えっと、あの、その……ちょっと調べてきます！」では話になりません。主要な情報については資料を見なくても即答できるレベルまで暗記をしてください。それができて、ようやくスタートラインに立てた段階だと認識しましょう。

　広報PR担当者が特に把握しておくべき6つの情報を以下に示しますので参考にしてください（これ以外の情報についても、常に社内にアンテナを張っておくことが必要です。この6つは、あくまで最低限のものだと理解してください）。

（1）数値関連

　まずは「今期」も含めて、**直近3期の決算など経営関連の数値**です。

　これらの数字はすべての広報PR業務の基盤となる数字ですから必ず暗

記しておかなければなりません。

特に経済系メディアの記者などとやりとりするようになると、「来期の事業予測は？」「昨年の数値から考えると……」などと質問してくることがよくあります。そうしたときにも「事業全体では20億円の売上を予測しています。なぜなら○○の定額制サービスがブームになっており……」とか、「5年前に比べて160%ほど成長しています。というのも、最近○○の売上が伸びており……」などと的確に答えられるようにしておく必要があります。

(2) 事業関連

次に自社のあらゆる事業部に関して、それぞれが「どのような事業を進めているのか」を把握してください。

社員が数人〜数十人単位の小規模企業であれば、それこそ「この社員はこんな仕事を、あの社員はあんな活動を」などと社員一人ひとりの仕事の内容についてまで詳しく把握しておくことが求められます。

さらに単純な仕事内容だけでなく以下のような事柄も同時に押さえておくと、より的確なメディア対応につなげられます。

＊なぜその活動をしているのか？
＊どのような面で社会へ貢献しているのか？
＊主要なライバルはどこか？
　（ビジネスモデル上のライバルとの数値比較やコミュニケーション戦略の比較を
　行ってください）

(3) 会社・人物関連

広報PRの担当者は「これまでの自社の歴史」を把握している必要もあります。

「会社の変遷」などの項目をウェブサイト上に置いている会社も多くありますから、まずはそれを丸暗記しましょう。

そして自分自身でも経営者や先輩社員に話を聞いて、プラスアルファの情報を加えていきます。そうして自分なりに会社の歴史やこれまでの歩みを嚙み砕いて理解するようにします。

このステップでは**ファクトブックの作成も役立つ**でしょう。たとえば以下のような情報を箇条書きでＡ４用紙にまとめていくだけでも、頭のなかで理解しているだけよりずっと確実に覚えられるようになります。

　＊○○年に創業
　＊○○社長は当初、品川のワンルームマンションから役員わずか２名
　　で事業をスタートさせた
　＊○○という商品・サービスが有名になり躍進
　＊○○年に上場　など

このほか**製品やサービス**についての**情報・ストーリー**などを商品別にまとめておいても役立つと思います。

ウェブサイトの会社概要ではあまり言及されない、「**社長など主要役員の人物像**」も個別に把握し資料にまとめていきましょう。「信念」や「人柄」、「苦労話がわかるエピソード」など、商品やサービスとは直接関係のない情報についても押さえていくとベストです。

特に経済系のメディアでは、こうした会社や経営者の歴史に関連した「苦労エピソード」や、「あきらめかけたときに支えてくれた出来事」などは案外と受けがよいものです。誰しも「どん底から這い上がった話」は好きだからです。

今後の情報開発においても良質な素材となりうる情報ですから、しっかりと資料にまとめて、のちのちも参照できるように整理しておくのがお勧

めです。

（4）商品・サービス関連

　自分の会社の商品やサービスについても、もちろん精通するようにしてください。企業の業態によっては「商品点数が数千以上もあって全部は無理……」という場合もあるかと思いますが、そういったケースでも代表的なラインナップについては確実に商品知識を持つようにします。

（5）ライバル関連

（2）の事業関連の項でも触れましたが、**所属業界内での自社のポジション把握**はとても大切です。以下のような情報ももれなく把握するようにしてください。

> ＊どのようなライバル企業があるのか？
> ＊自社は業界で何位の企業か？
> ＊ライバル企業の特徴は？
> ＊ライバル企業のシェア率は？
> ＊ライバル企業の未来戦略は？
> ＊「ライバル企業にはない自社の特徴」は何か？
> ＊ライバル企業に勝っているところはどこか？
> ＊ライバル企業に負けているところはどこか？　その理由は？

　特にライバル企業にはっきりと劣っている部分については、「どのような戦略で追い越そうとしているのか？」「追い抜くタイミングは？」「そのために広報PRやイメージ戦略でできることは何か？」なども同時に検討する必要があります。
　こうした検討は広報PR戦略の立案の段階でも不可欠ですし、もちろん

情報開発やメディア対応の際にも必要となります。

　集めた情報をもとに「いまのところ実践はしていないけれど、こういう取り組みをすれば勝てるかもしれない」という未来予測や、時間・コストの投資分析などを頭のなかでしておくのもいいでしょう。

　ただし、外部の記者などに対して「ウチでもこういう事業をすれば、急成長できるはずです」などと、まだ実現していないことをうかつに伝えてしまうと、あなたに対するメディア側からの信頼度が下がってしまうこともあるのでその点には十分気をつけてください。

(6) 評判関連

「どの商品に対して、どのような評判が集まっているのか？」「ネット上のクチコミはどうか？」「どのような苦情が来ているのか？」「そもそも、どのような人たちにサービスや商品を利用してもらえているのか？」など、消費者や利用状況についての情報、特に彼らの行動パターン、さらには購買行動や顧客体験の情報など、**自社商品の評価・評判についての情報**はしっかり把握しておく必要があります。

　なぜなら**人間はプラスの情報よりもマイナスの情報により注目する**からです。ある会社が商品を100種類売り出していて、そのうち99種類がかなり好評だったとしても、残りのひとつの商品でクレームが多発していれば企業全体の評価はガタ落ちしてしまいます。

　このように人はマイナス情報に自然に注目するため、意識して暗記するようにしましょう。

取材時に心がけること

　上手に取材対応をして、確実にメディアでの情報露出につなげることも必要です。そのためのコツもいくつか紹介しておきます。

まずはメディアの事前取材を突破する

　前述したように、取材の前には事前取材（前取材）が行われる場合があります。特にテレビの場合には必ず行われると考えていいでしょう。

　私のテレビマンとしての経験から言えば、この事前取材の段階で2割ぐらいのクライアントは取材NGになってしまいます。

　そこで、まずは事前取材をクリアする方法をご紹介しましょう。

Q＆Aシートをあらかじめ用意しておく

　まず、「**事前取材されることがある**」ということをあらかじめ広報PRの担当者がしっかりと理解しておくことです。

　加えて実際に事前取材がされたときに、きちんと自社商品やサービスの内容・魅力を伝えられるよう**ファクトブックやQ＆Aシート**をまとめておくなど、あらかじめ準備をしておくことが大切です。

　ちなみに「Q＆Aシート」とは、事前にメディアから聞かれることを想定して、想定質問とその模範回答を文書にまとめておいたものです。

　これを目の前に置いておけば、メディア関係者に聞かれたことに慌てることなく答えられます。自分だけでなく経営者などに渡しておくこともで

き、事前取材で商品やサービスの魅力を伝え忘れることがなくなります。なにより「自信」を持って、記者やディレクターの質問に答えられるでしょう。

　Ｑ＆Ａシートをつくるときには、**箇条書きを活用するなどして常に短い文章を使うようにも気をつけてください。**

　これは現場で培ったテクニックですが、長文だと必要な箇所が見つかりにくく受け答えに時間がかかってしまいます。

取材対象と取材場所を準備する

　このほか**事前取材では「取材対象となる人や場所」を事前に用意しておくことも大切です。**特にテレビ取材の場合にはこの準備が非常に大事になります。

　繰り返しとなりますが、テレビが求めるのは「動きのある画」です。「撮れ高」という業界用語があるほど、どれだけ素材としての映像が撮れたかを求めます。

　ところが取材が同じ場所でしか実施できないと、動きのある映像が撮れないので撮れ高が足りなくなってしまいます。その結果、お蔵入りという事態も起こりえるのです。

　私の会社のクライアントであった、あるクラウドサービス企業の例を紹介しましょう。

　そのケースでは働き方改革や外国人採用のテーマに絡めて自社サービスの情報発信を行い、首尾よくフジテレビの報道番組による取材予定が入りました。

　事前取材が行われた結果、フジテレビ側が求めたのが、同社のクラウドサービス導入先企業への現地取材でした。クラウドサービスのようなITサービスの場合、パソコン画面の映像だけでは１分以上の番組コーナー

はもちません。視聴者が飽きてしまいますし、そもそもそんな映像を誰も
テレビに求めていません。動きがなく、撮れ高も少なくなります。

　**テレビのディレクターというのは「撮れ高が乏しいためのお蔵入り」を何
より嫌います。**番組クルーとして撮影現場にやって来るのはディレクター
だけでなく、カメラマンはもちろん音声さん、場合によっては照明さんや
アシスタントディレクター、ロケバスとその運転手なども動きます。ひと
つのコーナーを企画から撮影、さらには編集するまでの段階で、ざっと
200万円以上の予算が動いているのです。「お蔵入り」になると、その200
万円のコストが無駄になるわけで、ディレクター自身の評価にもダイレク
トに関わります。

　こうした理由から、テレビのディレクターは企業側のプレスリリースの
内容を100％信じることはせず、事前取材を必ず行うわけです。またその
際には執拗なほど取材ができる場所や人が用意できているのか確認してき
ます。

　私の会社のクライアントであった先ほどのクラウドサービス企業では、
自社だけではテレビ側のこうした要望に応じられなかったため、当社のPR
コンサルタントが夜遅くまで取引先に順に電話をかけ、粘り強い交渉でよ
うやくある会社の経営者の快諾を得て、同サービスの導入先企業として
取材できるように調整しました。

　この要望に応じられなければ、本番のテレビ取材はされなかったと思っ
ています。

　特にテレビでの露出を狙う場合には、事前取材の段階から「撮影できる
場所」を複数用意しておくほか、「取材できる人」を何人か用意しておく
ことが必須項目となるのです。

事前取材に来てくれるメディアの詳細を把握しておく

　事前取材が入ることになったら、**やって来るメディアの番組や記事を実際に見たり読んだりして、どのような内容のコンテンツを作成しているのか必ず研究する**ようにしてください。必ず「事前に」です。

　広報PRの担当者がそれをできていなければ論外ですが、よくあるのが、取材対象となる自社の経営者や役員がまったく媒体側の予習をしていない事態です。

　そうしたことにならないよう、**経営者を含めた自社の取材対象者にも、ある程度は取材にやって来るメディアの予習をしてもらうようにしましょう**。各自が自分で見たり読んだりしておくのが理想ですが、多忙でそれが無理ならば、広報PR担当者がそのメディアやコーナーなどについてまとめた資料をつくり、それに事前に目をとおしてもらうだけでもまったく違うはずです。

　私の経験上、**取材時に記者やディレクターから「私たちの新聞／番組を読んだ／見たことがございますか？」などと聞かれる確率はほぼ100％**です。

　本番の取材であれば、すでに企画や取材までの時間や移動費といったコストが発生していますから、取材時に経営者などが「いえ、読んだ／見たことはありません」と答えても、笑顔で「あ〜、そうなんですか〜」などと言われるだけで、インタビューや撮影が取りやめになることはありません。新聞や雑誌であれば、メディア関係者の側が媒体サンプルも用意していることが多いので、それらを並べてどのようなメディアやコーナーか詳しく説明してくれることさえあります。

　しかし、彼らに与える心証は最悪です。

　実際に私が裏方として、テレビ番組の企画構成を担当していたときには、同行した番組ロケの帰りに「結局、見てねえのかよ！」などとディレクターが悪態をついているのを何度も聞いたことがあります。

無理はありません。その会社の広報PRの担当者が「ぜひ、この番組で我が社を取り上げてほしい」などとプレスリリースを送ってきたからこそ、わざわざ取材に来たのです。それなのにその会社の社長が「忙しいから、御社の番組は見ていないんだよね」とか「オタクの新聞は読んだことがないねぇ」では、正直筋がとおりません。

特に事前取材があるときには、その段階でこのような反応をすると本番の取材がなくなる危険性もあります。十分に注意すべきでしょう。

もちろん本番の取材でも同様です。

シナリオを確認しておく

事前取材を突破したら、いよいよ本番の取材です。

取材本番では、自社の経営者や事業責任者など取材の対象になることが決まっている人と、しっかり事前の打ち合わせをしておき、再度「言えること」「言えないこと」「強調すべきこと」をQ&Aシートに落とし込んでおきます。

また、どのように話を進めるのか、大まかな流れを予想したシナリオも作成しておきましょう。

同時に事前対応としてメールなどで記者／ディレクターに商品やサービスの概要などの情報をデータで送っておくと、相手も予習してくるので本番の取材がスムーズにいきやすくなります。

間違いやすいデータは資料で渡す

事業年度、発表日、発売日、価格、売上予測、代表取締役の年齢などの**間違いやすい情報は、紙の書類に箇条書きでまとめておいて、取材当日に**

資料として渡せるようにしておくことも必要でしょう。

　細かい数字などの情報は新聞記者や雑誌のライターなどでもよく書き間違えます。ネットメディアであれば事実と明らかに違う場合は修正依頼を受けつけてくれることもありますが、新聞やテレビなどの場合はあとから修正するのは非常に困難です。

　そのため間違えそうな数字や誤解されたくないデータなどは、あらかじめ紙の資料として渡してしまうほうが無難なのです。

経営者には自信満々の態度を演じてもらう

　このほか、メディアの前で自社の経営者が話す際に自信なさげなたどたどしい話し方をしないよう、**あらかじめスピーチの練習をしてもらうように**もしましょう。経営者が自信なさげに話していると、特にテレビでは視聴者が信頼性を持ちにくいためお蔵入りになりやすいですし、そもそも商品やサービスのイメージも悪くなります。またメディア関係者にも信用されにくくなります。

　たとえ内気な性格であったとしても、取材のあいだだけは割り切って、自信満々の態度を演じてもらえるようにあらかじめ入念に準備しておいてください。

　また、もしインタビューなどの途中で自社の経営者や役員などから誤解を招きかねないような発言があったら、その場ですぐに言葉を補ってフォローし、あとからメールで（必ず実際に報道される前に）事実の修正をしっかりと行うなどして対応します。

　もちろん**取材後にはきちんとメディア関係者に事後フォローの連絡をして、**「**ありがとうございました**」**と感謝の言葉を伝える**ことも忘れてはなりません。

テレビの攻略法を把握する

　それぞれのメディアについて、より具体的な攻略法も解説していきます。まずは私自身、長く勤めたテレビの攻略法をふたつ紹介しましょう。

テレビ関係者の情報収集法を逆手にとる

　ひとつは**テレビ関係者の情報収集源に先回りする方法**です。テレビ関係者の情報収集の網に意識して入り込んでいくのです。

　テレビのディレクターや放送作家といった制作関係者の多くは、新聞や雑誌をいつもチェックしています。Yahoo!ニュースなどのネットメディアもほぼ常時監視していると考えてよいでしょう（本人がチェックせずに、アシスタントやリサーチャーなどにチェックさせている場合もあります）。

　テレビ関係者はそのようにして世のなかの動きや最新ニュースを把握しているわけです。

　私が現役で放送作家をしていたときには、山田邦子さんがMC（司会者）を務めていた、あるお昼の情報番組の企画会議に参加していました。

　会議のテーブルにはその週に刊行された主要な新聞や週刊誌がズラリと並べられていたのを覚えています。私たち番組の演出に関わるスタッフがそれらを手にとり、ページをめくって最近話題になっているニュースをチェックしながら、ディレクターとの雑談形式で番組内の各コーナーで取り上げるネタを決めていきます。

現在もそうした会議に参加している人に話を聞くと、いまは当時とは少し様子が変わって、新聞や雑誌のほかに私物のノートパソコンやスマホが多数追加されているそうです。雑誌や新聞に加えて、それらのツールで最新のトレンドやニュースをオンラインで確認しながら、みんなで雑談しつつ企画を考えたり、取り上げるネタを決めていったりするのです。

　面白そうなニュースはそのままリンクをたどって、会議の参加者みんなで該当するホームページやYouTubeの動画まで閲覧することもあるとのこと。動画があればテレビの事前取材もある程度は省略できるようです。

　もちろんこうした会議の時間以外にも、関係者はときどきニュースをチェックしています。ネットニュースのアプリなどはタイトルだけを流し見る感じで多くの人が利用していますし、新聞では「**日本経済新聞**」本紙や「**日経MJ**」、雑誌だと「**日経トレンディ**」「**DIME**」「**SPA！**」などをチェックしている人が多いようです。もちろんこれらの雑誌や新聞のウェブ版もよく見られています。

　加えてビジネス系のテレビ番組関係者であれば、「日経産業新聞」をチェックしている人が多い印象があります。本紙と違ってニッチな情報がよく掲載されているので、既視感のない画を撮りやすく、また日経新聞社の記者がしっかりと情報を収集して裏づけ取材を行っているため、間違った情報を取り上げるリスクも少ないことなどが理由になっています。

　ベンチャー企業や町工場の社長などが多く特集されているため、テレビのディレクターも取材していて楽しいという理由もあります。

　加えて大手の企業は、取材しようにも番組企画書の事前提出が必要だったり、社長のスケジュールを押さえるのに何か月もかかったりすることがよくありますが、ベンチャー企業や中小企業ならば社長がOKと言えばすぐに取材が決まるので、テレビのネタにしやすいという側面もあります。

　このほか、**在京キー局の関係者であれば、東京新聞は必ず毎日確認してい**

ます。

　同様にそれぞれの**ローカルテレビ局の関係者は地元新聞を必ず毎日チェック**しています。地元ネタは各ローカルテレビ局の視聴者が常に求めるコンテンツであるため、各地方紙はかなり細かいところまでテレビ関係者にチェックされているのです。

　こうしたテレビ関係者の情報収集法を鑑みると、実はプレスリリースを直接テレビ局に送るほかにも、テレビで自社や自社商品／サービスの情報を取り上げてもらうための有力な方法があることがわかります。

　それは**彼らがよく見る雑誌や新聞、ネットニュースなど、情報露出の難易度がテレビよりは低い媒体でまず露出をし、記事化されることで「すでに世間で（別のメディアで）話題になっているネタ」としてテレビで取り上げてもらう方法**です。

　政治や経済のストレートニュースについてはテレビは非常に早いメディアですが、流行や生活関連の情報については、テレビはむしろ他のメディアの「後追い型」の情報露出をすることが多いです。

　そのためいずれかのメディアに自社が取り上げられたときに、その情報露出の事実を含めた内容のプレスリリースをテレビ関係者に送ったり、すでにつながりができている関係者に電話で働きかけたりすることで、「後追い」で取り上げてもらえる可能性が高まります。ぜひ参考にしてください。

旧勢力と戦うストーリーをつくる

　もうひとつの有効なテレビ攻略法は、**旧態依然とした旧勢力や抵抗勢力と戦っているストーリーをつくる**ことです。

　視聴者が子どもから大人まで幅広いテレビメディアでは、わかりやすいネタが好まれます。

自分たちは新しい変化を起こそうとする側で、旧態依然とした抵抗勢力や時代と戦っているんだ、というストーリーは、敵味方がはっきりしていてわかりやすいので非常に好まれるのです。

　たとえば自社を「正義の味方」にできる次のようなストーリーを開発してテレビメディアにアプローチできれば、それ以外のPRネタよりもはるかに情報の露出を獲得しやすいでしょう。

＊旧体制と戦いながら、赤字会社をV字回復して黒字化した
＊旧態依然の業界のなかで孤軍奮闘して、日本中の注目の的になった
＊古い常識にとらわれた人々が多く反対するなか、開発者がひとりでコツコツ努力して、誰もが知る画期的な商品を開発した　など

旭川動物園はなぜ注目を浴びたのか

　ひとつ例を挙げましょう。

　「旧体制と戦う」というストーリーをつくってうまく世間の注目を浴びたのが、北海道の人気観光スポット「旭川動物園」です。

　1967年に設立された旭川動物園は、現在では広く日本中に知られるようになりました。それは動物それぞれの本来の習性に着目して、野生のままのダイナミックな動きを鑑賞できるような展示を実現したからです。いまや旭川動物園のツアーは常時満席だそうで、コロナ禍の前には予約がなければ入れない日も多かったと言います。

　しかしそんな旭川動物園も、かつては万年赤字の動物園でした。一時は年間の来場者数が30万人を切り、閉鎖も検討されて、社員への給与支払いにも困るほどだったとか。

　このとき改革に名乗りを上げたのが現・園長の坂東元さんでした。彼が提唱した施策のひとつが、動物の野生の動きを鑑賞できる展示法「行動展示」でした。しかし、当初はその斬新な展示法に同僚の多くが戸惑い、反

対意見も多かったと言います。それでも坂東さんが理想を追求して奮闘し、結果も伴ってきたことで、次第にスタッフ一同が一致団結。日本屈指の人気動物園へと変貌していきました。

その過程では、坂東さんが周囲の（いまにして考えれば）旧態依然とした多数派の意見と対立し孤軍奮闘、やがては同じ夢を持つ多くの協力者を得て成功する姿をさまざまなメディアが取り上げる、というプロセスがありました。最終的にはNHKの人気番組「プロジェクトX」でも題材にされました。

その後、一時は入園者数が年間300万人を超え、東京の上野動物園をも抜いて日本一の月間入園者数を記録したことがあります。コロナ禍で一時的にストップしていますが、それ以前は世界中からの観光客もやって来ていました。

このように「旧体制と戦っているんだよ」というストーリーは、工夫次第でどのような業界でもつくれます。話が非常にわかりやすく、幅広い人に喜ばれるので、特にテレビには取り上げられやすくなります。

私の会社で実際に扱った事例をいくつか挙げておきますから、これらも参考にして自社にも適用できないか考えてみてください。

* 主婦を救え！　古い常識や業界と戦う「AIを活用したまったく新しい家事代行サービス」
* 旧態依然の業界慣行と戦う「キャッシュレスサービス」で、インバウンドの活性化を実現せよ！
* 日本の常識を疑え！　「誰もが求める画期的なシェアリングサービス」とは？
* 飲食業界の古い体質を変えろ！　果敢な挑戦を続ける「新発想の空きビル・レストラン」

＊　常識にとらわれるな！　子どもたちの未来のために戦う「小学校教育界の革命児」

＊　業界内の常識を覆せ！　まったく新しいオーダーメイドのスーツを生み出す若手テーラー

いかがでしょうか？　いずれもタイトルを聞いただけで続きのストーリーを聞きたくなりませんか？

実際にここに挙げたネタのいくつかは「ワールドビジネスサテライト」「ガイアの夜明け」「カンブリア宮殿」といった経済番組での特集化に成功しています。もちろん新聞や経済誌にも引っ張りだこです。なかには書籍化にまで成功したネタもあります。

映画の「スターウォーズ」や「下町ロケット」のストーリーを思い出してください。**新しい変化を起こそうとして逆境や困難と戦っていく姿は主人公として心理的なスポットライトを当てやすく、ストーリーの組み立てもしやすい最高のストーリーなのです。**

4つの文脈を形成する

具体的にどのようにストーリーをつくり込んでいけばよいかは、第3章ですでに詳述していますからそちらを再度参照してください。

ここではいくつか追加で、魅力的なストーリーを生み出すコツに触れておきましょう。

まずはどのように世のなかを変えたいのか、メッセージやビジョンが必要です。

変化が訪れたあとの明るい未来において、たとえば一般消費者や生活者にどのようなメリットがあるのか、あるいは日本経済全体にどのように寄

与できるのかを、明文化して伝えることが求められます。

エジソンには「世界中の夜を明るくしたい」という人々の幸せに対する地球規模の夢がありました。松下幸之助氏には「水道哲学」という日本中の人々の生活をよくするビジョンがありました。

こうした未来へのメッセージやビジョンを明文化することは、旧体制と戦うストーリーをつくる際の「有効な一手」になります。これがないと、「ただ情報が奇抜なだけ」あるいは「変わったリーダーの迷走／暴走」になってしまう恐れがあります。

そうならないようゴールを提示し、「変化に責任を持つ革新者」のイメージを打ち出すのです。

なおこのときに**人々が興味・関心を引かれるのはスケールの大きな物語**ですから、ある程度は大風呂敷を広げるくらいでちょうどいいでしょう。「スターウォーズ」が人気なのも、壮大なスペースオペラだからです。もしあの物語が小さな星の内部での話なら、ここまで人気になることは決してなかったでしょう。

ただし現実を見ることも必要です。**直近では自社の事業規模や経営関連数値にどのぐらいのインパクトがあるのか、具体的な数値を提示することも忘れないでください。**

この要素があることで、ただの夢想家のたわ言ではない現実的な取り組みだというイメージが出せます。

加えてそうした**変化や挑戦の旗手として、あなたの会社が名乗りを上げた理由は何か**も必ず盛り込むようにします。

この要素は首尾よく取材を呼び込めたときにも必ず聞かれる質問ですから、事前に明文化しておいたほうがいいでしょう。「ただなんとなく……」

では取材するほうもガッカリしてしまいます。

　まとめると、旧体制と戦うストーリーで欠かせない要素は以下のとおりです。私の会社ではこれらを「**ストーリー形成（ストーリーテリング）の4文脈**」と呼んでいます。

　① 将来どのような形で、自社の属す業界や日本を変えていくのか？
　② 未来に対してどのようなメリットがあるのか？　（大風呂敷）
　③ 直近では、どのくらいの事業規模やインパクトを見込んでいるのか？
　　（売上規模、利用者数、業界の変化など）
　④ なぜ、あなたの会社がその変化の旗手となりえるのか？

　これらの文脈を備えた旧体制と戦うストーリーは、ビジネス系のメディアでは特に引きが強いネタとなります。
　テレビでは「ワールドビジネスサテライト」「ガイアの夜明け」「カンブリア宮殿」の経済系3番組の攻略法として大変有効ですし、「週刊ダイヤモンド」「週刊東洋経済」「プレジデント」の三大ビジネス雑誌の攻略法としてもそのまま流用できます。
　ぜひ、みなさんもチャレンジしてみてください。

新聞の攻略法を把握する

前提として各紙の購読者数の差は気にしない

続いて、新聞の具体的な攻略法です。

先ほど日経、読売、朝日、毎日、産経、東京の6つの代表的な新聞についてそれぞれの特徴を紹介しました。言うまでもなくどれも超有力紙ですから、広報PRの担当者としてはどの新聞に記事が掲載されたとしても大きな成果と言えます。

このとき、当然ながら新聞によって購読者数が違うわけですが、**広報PRの担当者としてはその差をあまり気にすべきではありません**。

新聞攻略の前提として、どの新聞での情報露出でもかまわない（＝購読者数が多い新聞でも、少ない新聞でもかまわない）というスタンスで情報を発信してアプローチしていくべきです。

理由1 そもそも選り好みなどできない

理由として、中央5紙（＋1紙）に記事を掲載してもらうための競争はかなり激しいことが挙げられます。

6紙のうちどの新聞であっても、「そもそもプレスリリースを読んでもらえない」「記者に連絡がつかない」という場合がほとんどですから、プレスリリースに目をとおしてもらえ、その結果、取材の声がかかるだけでも、と

ても幸運でありがたいことなのです。

　中央5紙（＋1紙）での情報露出はそもそも難易度が高い目標であり、また成功の確率が低い取り組みでもあります。そのためある程度は網羅的に、反復して働きかけることで成功の確率を上げていきます。

　その際、「購読者数が少ない新聞はスルーしてもいいや」という発想を持っていると、成功の確率が低くなってしまうのでナンセンスなのです。

　もちろん運よくどこかから声がかかったら、丁寧かつ誠実に対応して掲載してもらいます。間違ってもこの新聞は購読者数がそんなに多くないから雑な対応でいいやなどと思ってはいけません。

理由2　購読者数が少なくてもメディア関係者への影響力が大きい

　前述したようにメディアの関係者がよく読む新聞がいくつかあります。

　テレビ関係者の場合は「日本経済新聞」本紙や「日経MJ」、「日経産業新聞」をよく読んでいると述べましたが、このほかにも東京のローカル情報を集める意味で「東京新聞」はよく読んでいますし、**ネット上での拡散力が高い「産経新聞」でネタを探している人も多くいます。**これらはテレビに限らずほかのメディアでも同様でしょう。

　購読者数だけで言えば読売新聞や朝日新聞のほうが多いのですが、メディア関係者への影響力の大きさはむしろこれらの新聞のほうが大きいと言えます。

　そのため購読者数にはこだわらず、さまざまな新聞に幅広く取り上げてもらえるように心がけてください。

理由3　購読者とターゲットの層がずれていると、部数が大きくてもあまり意味がない

　たとえば子どもやその母親向けの情報を日本経済新聞に掲載してもらっ

ても、日本経済新聞を読んでいるのはほとんどがビジネスパーソンですからあまり反響がありません。新聞自体に地力があるので最低限の注目はされますが、本来情報を伝えたかった人たちには伝わらないでしょう。

このように購読者数は重要な要素のひとつではありますが、購読者層、つまりはターゲット属性のほうが重要になることも多くあるのです。

こうした理由から、新聞へのアプローチにおいては購読者数にはこだわらないことを前提にしてください。

中央5紙に取り上げてもらいたいときには「欄の狙い撃ち」をするのも手

そのうえで基本的には第4章で詳しく述べたような方法でプレスリリースを送って掲載を狙っていきます。同時に本章前半で述べたように波状的なメディアキャラバンも行い、記事化の可能性を高めていくのが王道です。

あえて中央5紙で記事にしてもらうための裏ワザ的方法をひとつ紹介しておけば、**「特定の欄（コーナー）を狙い撃ちにする」方法**があります。これは「特定の新聞の、特定の欄に狙いを定めて、そこに取り上げてもらえるようなプレスリリースをつくり込んだうえで送る」というものです。

プレスリリースを送ったら新聞社の担当者にも電話をかけて、「○○（コーナー名）でどうしても特集してもらいたいと思い、プレスリリースを送らせてもらいました。ぜひ確認してください」などと連絡するのです。

もちろんそれでも競争率が高いことに変わりはありませんが、何も工夫をせずに一律にプレスリリースを送るよりは、よほど効果的でしょう。

日経新聞の落とし方

「日本経済新聞」、略して「日経新聞」は、広報PRの担当者がまず狙うべきメディアであることはすでに述べたとおりです。読者のみなさんとしても、なんとしても日経に載せたいと考えている方は多いはずです。

日経新聞はPRネタの内容さえよければ、企業規模や年商のレベルなどはあまり気にせずに記事化を行います。 そのためうまく情報開発を行うことさえできれば、中小企業や創業間もないベンチャー企業でも十分に「日経デビュー」を狙えます。

実際、私の会社がコンサルティングをした企業にスタート間もないあるクラウドサービスの会社があり、社員数は社長と従業員数名だけで売上はまだ赤字でした。しかしビジネスモデルがユニークで、ある社会課題を解決するビジョンを明確に打ち出すことに成功したため、あっという間に日経新聞に露出できた、という例もありました。

創業間もない有名大学の学生たちによる起業グループが取材されたこともあります。むしろそうした稀少な会社であることが面白いと重宝がられることもあるのです。

日本経済新聞が好む情報を簡単にまとめましたので、こちらも参考に、第3章で詳述している情報開発の手法を適用してください。そうすればみなさんの会社でも、日経新聞の攻略ができるはずです。

(1) 経済の広がりが感じられる情報

これまでになかった新しい経済圏で、「台風の目」となりそうな商品やサービスの情報は企業規模に関わらず露出の可能性が高いです。

（2）社会をよくしてくれる情報

　環境問題、食糧問題、人口問題、少子高齢化、医療の問題、子どもの虐待、農業の持続可能性、働き方改革など、まさに社会で課題となっている問題の解決に取り組む企業には、積極的にスポットを当てていく傾向があります。

（3）最先端の技術を含む情報

　AIや音声認識、ナノテク医療やロボティクスなど最先端の技術に関する情報であれば、たとえビジネスがまだ立ち上がっていなくても取材対象になることがよくあります。

　私の会社が関わった事例でも、東北地方にある某国立大学のロボット研究が事業化の前に日経新聞に取材され、記事化したことがあります。

（4）新しいビジネスモデルを含む情報

　中小企業やベンチャー企業であれば比較的狙いやすいのがこの情報でしょう。飲食店でのサブスクリプションサービスや、訪日客向けの新しい形のシェアハウス、学生起業家によるコインロッカーサービスなど、これまでになかった新しいビジネスの在り方を提示できていれば日経の記者は興味を示します。

（5）これから一般化しそうなモノやコトの情報

　こちらもスタートアップやベンチャー企業が狙うべきテーマです。日経新聞の記者の多くは、これから広く世のなかで汎用化しそうな商品やサービスを読者に伝えることを使命にしています。そのため、たとえば前述したドローン操縦士の資格ビジネスのように、今後一般化して私たちの生活に影響を与えそうな情報であれば積極的に取材をしてくれます。

以上の点に留意しつつ情報開発を行えば、日経新聞で記事化しやすい
PRネタやプレスリリースをつくれるはずです。

地方紙をもっと狙おう

　広報PRでは、ついつい中央5紙にばかり目が行きがちですが、地方紙
での露出を狙うことにも大きな意味があります。私はもっと地方紙での情
報露出を狙うべきだと考えています。

　その理由をいくつか説明していきましょう。

（1）各地域での地方紙のシェア率は非常に高い

　本章前半でも解説したように、地方によっては「地方紙のほうが全国紙
よりも読まれている」地域が存在しています。しかもその数は決して少な
くありません。

　代表格は沖縄県です。地方紙である「沖縄タイムス」と「琉球新報」を
読んでいる人が非常に多く、2紙以外の中央紙を読んでいる人は50人に
ひとりにも満たないというデータさえあります。

　そのほか高知県、徳島県、岐阜県、青森県、福井県、石川県に関して
は中央紙のシェアが著しく低く、地方紙のシェアのほうが圧倒的です。関
東地方でも群馬県や栃木県は地方紙のシェアが中央紙に匹敵しています。

　加えてそもそもの発行部数自体も、中央紙と比較してまったく遜色のな
い地方紙がいくつかあります。

　各紙の正確な発行部数は公表されていないのでわかりませんが、推測値
や公称部数から、中部地方の地方紙：**中日新聞**の発行部数は中央紙の産
経新聞や毎日新聞とほぼ同等ではないかと考えられています。**西日本新聞**
や**北海道新聞**も発行部数がかなり多い地方紙です。

そのため販売するエリアやサービスによっては、中央紙よりも地方紙を狙ったほうが圧倒的に影響力が高い場合があるわけです。**まずは「中央紙一択！」という思い込みを捨てましょう。**

　ちなみに日本全体で見ると、中央紙のシェア率はざっくり5割くらいです。意外と低いと感じるのではないでしょうか？

(2) 中央紙に比べると採用されやすい

　地方紙の特徴として、地元愛が強いことが挙げられます。**地元の活性化につながる情報であれば、中央紙と比較して採用されやすい**わけです。

　地元企業の広報PR担当者が直接足を運べば、支局長クラスの方が対応してくれることもよくあります。

(3) 記事が大きく扱われる可能性が高い

　中央紙の場合は「売り込みをして採用されたけれど、紙面の片隅に小さく掲載されただけだった」という場合が結構あります。

　それでも「中央紙に掲載された」という実績をつくることはできますが、率直に言って小さな枠に1行ほどのタイトルと一緒に掲載されただけでは、大きな反響を期待することはできません。

　一方で地方紙であれば、地元の経済や活性化に貢献する情報であれば大々的に取り上げてくれる可能性があります。タイミングによっては1面を飾るケースすらあります。

　特に特定の地域をピンポイントでターゲットとしている商品やサービスの場合は以下のようなさまざまなメリットを一度に享受できるので、ぜひ地方紙を狙うべきでしょう。

　＊売り込みの労力が少ない
　＊記事が大きい（写真つき）

＊宣伝力が非常に大きい

（4）中央紙やテレビでの掲載にもつながる

　簡単に言うと、「地方紙で掲載される」→「記事がネットメディアを通じて拡散する」→「中央紙や在京キー局の関係者の目に留まり、テレビ取材を受ける」という流れです。

　実はこのケースは枚挙に暇がありません。たとえば「浜松市と宇都宮市の餃子戦争」などは、毎年テレビや新聞を賑わせていますが、これはある地方紙での記事がYahoo!ニュースや共同通信などを通じてネットメディアに拡散し、テレビを含む多数のマスメディアにまで広まった事例です。

　狙ってここまでの情報拡散を引き起こすことはなかなかできませんが、そうした可能性があることは頭の片隅に入れておくとよいでしょう。

　情報拡散の起点になる可能性があるという意味でも、地方紙は狙うべきなのです。

中央紙の地方支局も狙い目

　このほか、余裕があれば地方紙だけでなく**「中央紙の地方支局」にも売り込みを行いましょう。**中央紙の地方欄に載せてもらえるかもしれません。

　また中央紙の支局には本社から一時的に派遣されている記者が多くいて、東京の本社と地方支局を記者が行ったり来たりしていることもよくあります。こうした記者とのコネクションをつくっておけば、その記者が本社に異動した際にあなたの会社の情報を全国紙に掲載してくれる可能性もあります（もちろん必ず異動するわけではありません）。

　長期的な視点でのメディア関係者との関係づくりにもプラスの影響を与えるでしょう。

地方紙向けのネタをつくるコツ

　地方紙への具体的なアプローチ法は、基本どおりのプレスリリースから波状的なメディアキャラバンにつなげる方法で問題ありません。

　そして**情報開発の際には地元との関わりを意識して打ち出す**ことを忘れないでください。特に以下に示した6つの条件のうちのどれかが該当する場合には、その部分を強調して情報開発を行います。

　　① 特定の県向けのサービスがある
　　② そもそも地元県の企業である／特定の県に支社がある
　　③ 特定の県でイベントを行う
　　④ 特定の県の特産物を使っている
　　⑤ 特定の県の歴史に由来がある
　　⑥ 特定の県の活性化につながる

　こうした情報開発ができれば、その県の地方紙に売り込むのは難しくありません。

　もし上記のような地元とのつながりがなくても、地方紙に売り込むことは可能です。その方法はアイデア次第ですが、ここではふたつ紹介しておきます。

(1) 社長の出身県に売り込む
　地方紙の多くに「地元出身で活躍している人物」を特集するコーナーがありますから、社長の出身県を調べてネタの売り込みに活かしてみましょう。

（2） 自社で行ったコンテストをチェック

　子ども向けや消費者向けなど自社でなんらかのコンテストを開催していたら、その優勝者の出身県の地方紙に売り込んでみるといいでしょう。

　そのようなコンテストを実施していないのであれば、広報PR主導でこれから企画するのもひとつの方法です。

雑誌の攻略法を把握する

署名記事を追う

　雑誌メディアの攻略法もひとつ紹介しておきます。

　雑誌の攻略法で注目するのは「**署名記事**」です。つまり書いた記者の名前が記載された記事です。記事のページには記載されていなくても、巻末の奥付のページに執筆者名が記載されていることもあります。

STEP 1 **まずは自社に合致する記事の執筆者をリストアップ**

　自社の情報を露出したい雑誌を過去1年分くらい用意して（入手できない場合はできる範囲で）、自社情報と相性のよさそうな記事を探し、それらの記事を書いた記者の名称を何人か特定します。

　記者名の記載がどこにもない場合には、一読者のフリをして出版社に問い合わせの電話を入れてもいいでしょう。そのような電話は熱心な読者からときどきかかってくるそうなので、教えてくれる場合がそれなりにあります（教えてくれない場合はあきらめてください）。

STEP 2 **記者ごとの傾向を分析する**

　そのうえで、その記者の署名記事の傾向をまとめます。

　ネット上や図書館の記事検索サービスなどを使える場合もありますが、基本的には自力で探します。

そうしてその記者が書いた記事をいくつか読んでいると、おおよその傾向が見えてくるはずです。

「よく出てくるトピックは何か？」「よく出てくる社会的なテーマ」「個人的な傾向」なども記者ごとにまとめておきます。

STEP 3　本人にアプローチして関係構築する

ここまでの事前調査を済ませたら、いよいよ記者本人にアプローチします。編集部に電話して本人と話をしたい旨を伝えましょう。本人が在社していれば大抵はつないでもらえます。

ここで「○○さんの記事を熟読しました」と伝えるとともに、「記事を読んでどう思ったかを」をまず伝えます。**雑誌記者としてこうした読者の声は非常に嬉しいものなので**、その後の広報PRの話を聞いてもらえる雰囲気がつくれるでしょう。

執筆記事をいくつか読んでいれば相手がどのような言葉をかけられれば喜ぶかも予想できるはずですから、**相手にどのような印象を与えるかに注意しながら話す**ようにしてください。

とはいえ相手も話を聞いたり文章を書いたりするプロです。あからさまなお世辞や、思ってもいないことを言うとすぐに気づかれます。

あくまでもその記者の記事を読んで本当にどう思ったかを、表現の仕方に気をつけながら伝えましょう。

STEP 4　アポをとって情報を提供する

記事の感想を伝えたうえで、広報PRの担当者としてその記者が関心を持ちそうな情報を提供したいことを伝えます。

可能ならばアポをとって直接訪問し、プレスリリースを手渡しして簡単な説明をしたり、感想をヒアリングしたりするといいでしょう。それが難しければ少なくともプレスリリースを記者宛てに直接送る許可をもらい、

送付後に電話やメールで感想を尋ねるようにします。

　このときプレスリリースの送付まで断られることはまずないのですが、も
し断られたり代表番号に送るように言われたりした場合には、「いまは新
しい話題を求めていない時期」なのだと判断して深追いはしないようにし
てください。**あまり深追いすると嫌われてしまいます。**少し時間を置いてか
ら再アプローチしたほうがいいでしょう。

　このようにして署名記事を書いた記者に丁寧にアプローチしていきます。
前述の情報開発さえしっかりできていれば、少なくともトライの２〜３割
は実際の情報露出にまでつなげられるようになると思います。

外部ライターの場合のアプローチ法

　署名記事の執筆者が雑誌社の記者ではなく外部のフリーライターであ
る場合もあります。この場合でも基本的なアプローチ法は同じです。

　**外部のライターはひとつの雑誌だけでなく複数の雑誌で書いていることが
多いので、一度関係を構築できれば、まとめて複数メディアでの情報露出に
つながる可能性もあります。**

　外部のライターに情報提供をした場合は、そのライターが各雑誌の編集
部に「記事化する価値があるこういうネタがありますが、どうですか？」
などと勝手に売り込んでくれるため、より情報露出につながりやすいとい
うメリットもあります。

　ただしフリーの外部ライターについては直接の連絡先を入手することが
困難です。

　まずはフェイスブックやTwitterなどのSNSを使って記者名で検索を行
い、アカウントがないか探してみましょう。意外とこれだけで見つかるこ

ともあります。

　SNSのアカウントが見つかったら、ダイレクトメッセージを使って先ほど述べたのと同じようなやりとりを行い関係構築をします。信頼関係ができてきたらメールアドレスや電話番号も聞き出したいところですが、あまりあからさまに聞き出そうとすると嫌がられることもあるので、臨機応変に対応します。

　SNSで見つからないようであれば、ネット検索でブログなどを運営していないか確認しましょう。ブログには通常、問い合わせ用のメールアドレスがありますからそれを通じて連絡をとります。

　それでも見つからない場合は、最終手段として出版社にライターの連絡先を訪ねてみましょう。

　教えてくれないこともかなり多く、その場合にはあきらめるしかありませんが、ライターから折り返しの連絡を入れるように手配してくれることもあります。

　なおこのときには、出版社側に不信感を抱かせないように気をつけてください。

新聞の署名記事にも使える

　この雑誌の署名記事を追う攻略法は、新聞の署名記事についてもまったく同じ方法で適応できます。新聞の攻略法としてもぜひ参考にしてください。

意図的にバズを起こす
ネットメディアの攻略法

　最後にネットメディアの攻略法についても確認しておきます。特にネットでのバズを意図的に引き起こす方法を詳しく見ておきましょう。

みずから最初の種火を起こせ

　ネットメディアがますます存在感を高める昨今、SNS などの個人メディアで「バズる」「拡散する」ことで注目度を上昇させ、そこから大手のニュースサイトやポータルサイトへの露出を実現。それらを視認したマスメディアへと話題が増幅していく……という「情報拡散」を狙って起こしていくことも、重要な広報PR戦略となっています。

　特にテレビについては近年、視聴者の関心の高まりを受けて**情報番組やバラエティ番組でもウェブ上でのバズ事例を頻繁に取り上げるようになっています**。最終的なテレビ出演を視野に入れるためにも、ウェブ上で狙ってバズを起こしていくことの重要性がとても大きくなっているわけです。

　こうしたウェブ上でのバズを起こすのに使うのも、基本はプレスリリースです。ウェブメディアの記者は直接の電話連絡や面談には応じてくれないことも多いので、より魅力的なプレスリリースを作成して情報発信していくことが重要です。

　もちろん自社サイト（オウンドメディア）の記述やFacebook、Twitter などでの公式アカウントでの投稿などから意図せずバズが発生することもあり

ますが、それは狙って起こすものではないのであくまで偶然の産物です。

　プロの広報PR担当者としては、プレスリリースを使ってしっかりと意図的にバズを起こす、少なくとも情報開発やタイトルのつけ方などでその可能性を高める働きかけをしていきたいものです。

　それには通常のプレスリリースの発信とは少し異なるノウハウが必要となるため、ここで詳しく紹介しておきます。

各種ニュースサイトでの露出から Yahoo!ニュースへの転載を狙う

　基本的な作戦としては、**最初にネット上で多くの人が訪れる各種のニュースサイトや情報サイトでの露出を実現し、そこからYahoo!ニュースへの転載を狙います。**

　その過程で一定の確率でSNSにおけるバズが発生するので、そうしたらそのバズの情報まで含めてテレビ／新聞等のマスメディアへの情報提供に組み込み、大きなムーブメントに仕立てていく二段階の作戦をとります。

　PRネタの内容については、第3章で詳述した情報開発のノウハウをフル活用し、SNSでコメントや紹介をしたくなる内容に仕上げておきます。

　働きかけの対象となるニュースサイトや情報サイトとしては、主に以下のようなものがあります。

①新聞社系サイト…朝日新聞DIGITAL、毎日新聞電子版、SankeiBiz、日本経済新聞電子版、読売新聞オンラインなど

②通信社系サイト…ハフィントンポスト、共同通信社サイト、時事ドットコムなど

③雑誌系サイト…ダイヤモンド・オンライン、美ST、東洋経済オンラ

イン、プレジデントオンラインなど

④テレビ系サイト…NHK NEWS WEB、日テレ NEWS24 など

⑤ネット専門ニュースサイト…ITmedia、JBpress、ハフィントンポスト
など

⑥ニュースポータルサイト…Yahoo! ニュース、Google ニュース、ライ
ブドアニュースなど

⑦ミドルメディア…ガジェット通信、ロケットニュース、オトナサロー
ネなど

⑧まとめ／キュレーションサイト…はてなブックマーク、Gnosy、
NewSpick、Togetter まとめなど

このうち比較的取り上げてもらいやすいのは、⑤のネット専門ニュースサイト、⑦のミドルメディア、⑧のまとめサイト／キュレーションサイトです。

これらのメディアに取り上げられると、ウェブメディア同士の横と横のつながりから情報連鎖が発生し、Yahoo! ニュースのような大手のポータルサイトに転載される可能性が高まります。

大手ポータルサイトでは自社で取材や編集をしているわけではなく、ミドルメディアやネット専門ニュースメディアから情報を選別して、許諾を得たうえで転載する形をとっています。そのため、まずはこうしたニュースサイトに取り上げてもらうことを狙うのです。

本書執筆時点では、⑥のニュースポータルサイトのなかでは**Yahoo! ニュースの影響力が絶大です。**Yahoo! ニュースのトップページに情報が載ると、会社のサーバーがダウンするほどアクセスが殺到したり、いきなり行列店になったりすることが実際にあります。そのため多くの広報PR担当者の露出目標にもなってきました。

テレビの制作に関わっていた私の経験からも、Yahoo! ニュースに掲載さ

れるとテレビの取材が入る確率が高まると間違いなく言えます。なぜなら前述のとおり、テレビの制作スタッフの多くはネットから最先端の話題やトレンドを収集しているからです。

日々、業務に追われている彼らにとって、NewsPicksやアンテナなどは貴重な情報源です。なかでもYahoo!ニュースのトピックスは番組のジャンルを問わず誰もが確認する優良な情報源になっていました。

しかしすでに説明したようにYahoo!ニュースは転載メディアであって、企業が直接アプローチすることはできません。**Yahoo!ニュースの編集部の人たちがトピックスに転載したくなるような情報価値の高いPRネタを、さまざまなニュースサイトや情報サイトに提供していくことが、間接的ではありますが唯一のアプローチ法です。**

つまり、できるだけ多くのニュースサイトや情報サイトにプレスリリースを送り、多くの露出を獲得することで転載される確率を高めるという作戦になります。

①の新聞社系サイトや②の通信社系サイトは、紙の新聞で掲載された情報がそのまま掲載されたり、同じ発信源から公表されたより深掘りした情報、アップデート情報などが記事化されるのが主流です。そのため新聞社や通信社に対する通常のプレスリリースで露出を得られた場合には、ネット上の電子版などにも同じ記事が載ることが多いです。

ただサイト側で独自に記事掲載をすることもあるので、ウェブ上でのバズを狙うときにはむしろそちらの編集部に優先的にプレスリリースを送付するといいでしょう。この場合の送付法は電子メール主体のウェブメディア向けの方法で行います（→第4章参照）。

③の雑誌系サイトは、サイトにもよりますが一般的に新聞社系のサイトとは異なり、**リアルな紙雑誌から切り離されているウェブサイトとして高い**

独立性を有しています。

　たとえば雑誌「PRESIDENT」とウェブ上の「プレジデントオンライン」では、共通して掲載されるような記事もときどきはありますが、基本的にはまったく異なるコンテンツが掲載され、どちらかにしか載らない記事が大半を占めています。

ネットメディアにおける情報連鎖のイメージ

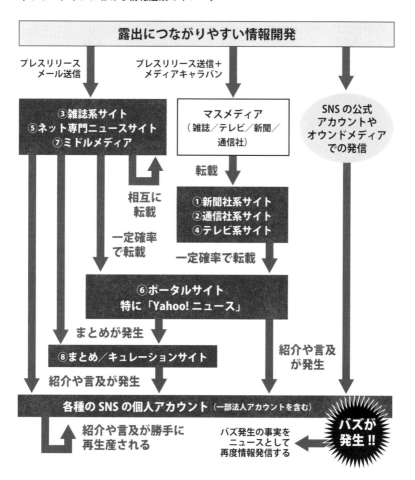

こちらもネット上のバズを狙うのであれば、まずはウェブのニュースサイトへプレスリリースを送りそこでの露出を狙うべき、となるわけです。

④のテレビ系サイトは、直接企業からアプローチをする先としては不向きです。現状ではほとんどがテレビで放映された記事の文字起こし程度なので、プレスリリースを送ってもあまり意味がないでしょう。今後の発展に期待です。

⑤や⑥についてはすでに第4章で前述しています。通常のウェブメディア向けのプレスリリースを送付します。

そうしてうまくネット上で露出したら、⑦のまとめ／キュレーションサイトで転載されたり、まとめられたりします。

これらのまとめ／キュレーションサイトは読者がみずから記事を投稿できることが多いので、自然発生的なまとめや転載がないときには、あくまで消費者の理解を促進するため、広報PR担当者がみずから事実内容を文章化してまとめ記事を掲載することもあります（このくらいならステルスマーケティングの範疇には入らないでしょうが、気にする人もいるので注意は必要です）。

それぞれのネットメディアにはサイトごとの特徴があり、担当者もそれぞれなので共通する送付方法はありません。ただサイトをよく調べていけば、大抵の場合にプレスリリースの受付窓口や受付専用アドレスが用意されています。

根気よくメディアのリサーチを行い、継続的にプレスリリースを送っていくことで、そのうちにどのようなPRネタがバズりやすいのかノウハウも溜まり、Yahoo!ニュースへの掲載も実現できるはず。結果として、戦略的にバズを起こすことに成功できるでしょう。

広報PRの担当者なら知っておくべきNGワード

すでにメディアとやりとりするときに言ってはいけない内容として「報道前の事前確認を求める」ことなどを挙げましたが、このほかにもいくつか広報PR担当者が言うべきでない、言ってはいけないセリフがありますから、本章の最後に確認しておきます。

「ぜひ取材をお願いします」

言わなくてもお互いにわかっていることは、最初から言わないようにしましょう。あえて言葉にすると依頼する側とそれに応える側というニュアンスが強く出てしまうので、「頼まれた取材はしたくない」という気持ちを持っているメディア関係者には敬遠されかねません。

「これがいちばんの魅力です」「業界初です」「我が社の独自技術です」などと、情報のウリを伝えることで自然に取材へと誘導できる流れをつくり出すよう意識しましょう。

「我が社をご存じでしょうか?」

安易に口にしてしまう言葉ですが、**相手が知らなければ「申しわけありませんが、存じ上げません……」と謝らせることになってしまいます。**

また「俺が実力のある記者がどうか探りを入れているのか?」などと思わせてしまう恐れもあります。

いずれにせよ東証一部上場の大企業でもない限りは「まず知られていない」と考えて、最初に自社のことを簡単に説明するようにしましょう。

「別媒体ではこのように取り上げてもらいました」

こうした発言をプラスに受け取るメディア関係者はほぼ存在しません。
「ほかのメディアで取り上げられたことがある＝新鮮なネタではない」と判断するからです。

ただ、逆に相手から「この情報はどこか別の媒体でも表に出ていますか？」などと質問される可能性はあります。

その際、もしすでに別の媒体での情報露出があったのなら、素直に「先月、夕方のグルメ番組に取り上げられました」などと答えてください。嘘を言うのは常にNGです。

同時に「今回は視点が異なります」「あのときとはラインナップが変わっています」などと、記者の興味を引ける言葉を織り交ぜるようにするといいでしょう。

「それは公表不可となっています」

企業活動をしていれば、具体的な数値や情報が出せないということは少なからずあるはずです。

しかしメディア関係者にしてみれば「公表できない情報なら最初から教えるなよ」という話です。そもそもジャーナリズム色が濃い媒体なら、公表不可をお願いしても知られた以上は記事にされる可能性が常にあります。

またそうした媒体ではなくても、たとえば経済紙や経済誌では「数値データの裏取りができない企業の取材はしない」という方針のところが多

いです。情報露出の可能性を下げやすいセリフなので、最初から言わない、また言う必要がないようにしましょう。

　それでも、どうしてもそのような状況に陥ってしまった場合には妥協点を見つける努力をしてください。

　いちばんよいのは「こちらの数字は現在はまだ公表できませんが、公表可能になっているこの数字ではいかがでしょうか？」などと代案を提示することです。これならむしろイメージがよくなります。

　当然ながら、広報PRの担当者として「公表OKの数字」「公表NGの数字」を厳密に把握しておく必要もあります。たとえば「具体的な売上高はNGでも、前年との比率ならOK」という場合もありえます。

　そうした場合はきちんと情報開示の基準とその理由を説明して、相手に納得してもらってもいいでしょう。

「ライバル企業は存在しません」

　「競合他社はありません」などと言えば、いかにも「独自性をアピールできるし、効果が大きい」と感じられますね。

　しかし実際にそう思ってくれるメディアは案外と少ないものです。特に**大手メディアの場合は「競合がいない→題材・切り口で話題に出せる企業・商品がない→ニーズがなくて記事にできないのでは？」と判断する可能性が**あります。

　もちろん本当にイノベーティブで画期的な商品やサービスであるため競合がいないケースもありえますが、まずはこの言葉そのものを慎重に使うようにしましょう。

「掲載していただけるならどこでもかまいません」

言うまでもありませんが「どこでもよい」は厳禁です。「じゃあ、ウチの媒体でなくてもいいですよね」となるだけです。

差別表現にも注意しておく

このほか、気をつけたほうがよいのはいわゆる「差別表現」です。『記者ハンドブック』（共同通信社・発行）という非常に有名な広報PR関係者・メディア関係者向けの本がありますので、入手してどのような言葉が避けるべき言葉とされているのか知識として持っておくとよいでしょう。「記者ハンドブックに従わないと絶対にアウト」というわけではありませんし、仮にそうした言葉がプレスリリースやファクトブックに含まれてしまっていたとしても、実際の情報露出の段階ではしっかりチェックされて修正されます。ただあまりに使用の頻度が多いと、敬遠されることは間違いないでしょう。

少なくとも広報PRの担当者のデスクに『記者ハンドブック』を一冊置いておいても損にはならないはずです。

広報PR実例インタビュー②
株式会社山本海苔店
山本貴大 専務

URL　https://www.yamamoto-noriten.co.jp/
創業　1849年（嘉永2年）
事業内容　乾海苔、および乾海苔を原料
　　　　　とした加工食品の製造販売

　焼海苔・味付海苔や具付海苔の製造販売を中心に経営する株式会社山本海苔店。その創業はなんと江戸時代、1849年にまで遡ります。

　当時、海産物を取り扱う問屋は日本橋に集まっていました。東京湾でとれた魚介類を、魚河岸のあった日本橋で販売・加工するためです。

　「山本海苔の名前がついた商品には、ひとつたりとも不良品があってはならない」。初代から171年続く社是のもと、いまでは人気の一藻百味のほか、おつまみ海苔や贈答品として愛される高級海苔を展開しています。まさに、おいしい海苔の代名詞と言えば、山本海苔なわけです。

170年以上続く日本を代表する老舗。天井は海苔船の船底をイメージした造りに。

──そんな日本を代表する老舗企業が、広報

PRに力を入れようと思ったきっかけはなんでしょうか？

もともと、山本海苔というブランドや、日本橋に本社があるという立地から、多くのメディアに取材されてきました。

特に昭和の時代で話題になったのが、海苔を販売するドライブスルーを日本橋本店にオープンしたときでした。当時では異例の10以上のテレビ番組に取材されたと聞いています。

当時、アメリカの車社会を目の当たりにし、「これからは日本でもモータリゼーションの時代が来る！　海苔も車に乗ったまま買い物ができるように」と思いついたのがきっかけ。多くのマスコミ関係者が詰めかけた。

そこから数十年経ち、時代も変わってきていると実感したのがきっかけです。

いまでは誰も広告を見ようとしない。また、高級海苔の購買層であった方々が高齢化して、それまでの百貨店販売だけでなく、さまざまなルートでのブランディングや販路拡大の必要性を感じていました。

――「新海苔」のPRに至った経緯をお聞かせいただけますか？

新海苔のPRということで、わかりやすい仕掛けが必要だと感じていました。そこで、「これをしたらメディアに受ける」というアイデアを開発して、広報PRを行うことにしました。それと同時に、「新海苔一番焼」の販売をすることにしたのです。

ジャンボ海苔巻きや、金箔海苔を使った太巻き寿司、日本橋に本店がある店のかまぼこや佃煮、玉子焼き等を具材にした日本橋オールスター太

巻き寿司など、魅力的と思われる情報を複数用意して、メディアに「いま、取材したい！」と思わせる工夫を凝らしたわけです。

──「新海苔一番焼」とはどのような商品ですか？

　まず「新海苔」とは、一般にはその年最初に収穫された海苔のことです。
　さらにそのなかから、味、食感、状態などを考慮して高級海苔としてふさわしい品質のものを厳選して、商品としての「一番焼」となります。

──「新海苔一番焼」を発表した当時、反響はどうでしたか？

　はじめは正直、新海苔などという広報PRで、はたしてメディアが来てくれるかな、という不安がありました。なぜなら、私たち海苔の専門商社にとって、新海苔そのものはさほど特別なものではなかったからです。
　しかし、結果としてフジテレビやテレビ朝日の情報番組や、日本経済新聞などに取材されました。「あぁ、自分たちの当たり前は、メディアやお茶の間にとっての常識ではないんだな」と、改めて思い知らされましたね。

──その後の広報PRの展開はどうでしたか？

　海苔と日本酒、あるいは海苔と大学生といったコラボイベントを行い、積極的に情報発信を図るようになりましたね。
　もちろん、そうした情報発信のすべてが、うま

２月６日「海苔の日」には高級もみ海苔「梅が香」を買い求める約230人が長蛇の列をつくった。

くメディアに刺さったり、SNSで拡散したりしたわけではありません。し
かし、続けていくことで、広報PRにとって何が必要で、何が不必要なの
かが、だんだんとわかるようになってきました。

——広報PRに注力することで採用面でも効果があったとお聞きしました。

　メディアに出ることで、採用面での求人も増えていったと思います。い
まの求人サイトでは、どこも同じようなコピーと同じような写真が並んで
いるだけです。やはり人の心を動かしたり、感動させたりするには、広報
PRに代表されるような「人を動かす仕掛け」が必要だと感じていますね。

——最後に、老舗企業のなかには、新しい試みになかなか挑戦できないと
ころも多いと思いますが、山本専務の視点から見て、広報PRの強みや弱
みはどのようなところにあると感じられましたか？

　広告や宣伝だと、自分で自分のことを褒めているにすぎません。だから、
どこか誇大表現というか、むなしさを感じてしまいますよね。
　しかし、メディアが第三者として紹介してくれる記事だと、その媒体の
信用力によって取材対象の会社の信頼性も担保され、消費者に信頼して
もらいやすいと感じますね。そのため、とても価値があるんだ、といまで
はわかります。
　一方で、露出を実現するためには時間や工数がかかりますし、ある程度
の努力も必要です。また、広告と違ってメディアをコントロールしにくい
などのデメリットもあると思います。私たちのような老舗企業になると、成
果が出るまでは社内の冷たい視線にも耐える必要があるでしょう。
　それらのメリット・デメリットを理解しながら、上手に活用するのがよ
いと思いますよ。

第 **6** 章

【上級編】
広報PRの
発展＆応用ワザ

確実な露出につなげる
リークの仕方

　本章では広報PRの初心者レベルを脱した中／上級者向けに、少し難易度の高い応用ノウハウや発展ワザをいくつか紹介していきます。まずは少しプロ的なテクニックとなる「リーク」の手法をお伝えします。

プレスリリースの配信サービスには問題もある

　本書ではここまで、メディアへの基本的なコンタクト手段としてプレスリリースの送付をお勧めしてきました。

　それには変更はありませんが、実はプレスリリースを送ることにはデメリットもあります。

　広報PRの業務に慣れてきたら、そうしたデメリットについても認識しておきましょう。

　まずは代表的デメリットをふたつ挙げます。

（1）プレスリリースの配信サービスはSEO的に逆効果になる可能性がある

　ひと昔前までは、プレスリリースを書いて配信するとSEO効果（＝自社サイトがGoogleなどの検索サイトの検索結果で、より上位に表示されるようにする効果）があると言われていました。実際、以前はプレスリリース配信会社のホームページに堂々とそのような売り文句が記載されていたものです。しかしいまでは、そうした記載はすべて消えてしまっています。

その理由は、あるときから検索サイトの最大手であるGoogleが、作為的な被リンクの量産を検索結果の評価対象外にするようになったからです。同時にそのような大量のリンクを短期間で発生させることに、むしろマイナスの評価をするようになりました。

　つまり**配信サービスでプレスリリースの配信をして、仮にたくさんの被リンクを獲得しても、それによってGoogleの検索表示順位が上昇するようなことはなくなり、逆に作為的な被リンク数の量産とみなされて一時的に順位が下がる危険性が出てきたのです。**

　特に同時期に複数の配信スタンドを利用する場合には、このデメリットについて認識しておく必要があります。

　現在はどこの配信スタンドも配信先の量の競争になっているため、配信会社のサテライトサイトや、自社で作成したコンテンツサイトを配信先とするケースが増えています。

　配信先を増やすためだけにつくられたような、こうした質の低いサイトに情報が露出してもほとんど意味はありません。そのうえこうした自作自演で被リンク数を増やす行為はGoogleのペナルティ規定に抵触する可能性があるため、かえって自社のウェブサイトの検索順位を下げる可能性があるのです。

　ある程度、配信先を絞って使えば過度な心配はいりませんが、こうしたリスクがあることだけは記憶に留めておいたほうがいいでしょう。

（2）プレスリリースの一斉配信をすると、その情報はメディア関係者にとって「古い情報」になる

　プレスリリースの送付は、一般に複数のメディアに対して同時平行的に行います。特にネット上でプレスリリースの配信スタンドを利用する場合は、数百のメディアに対してプレスリリースの一斉配信をすることになり

ます。

　そうした性質上、メディア関係者は一度プレスリリースとして配信された**情報を、もうほかのすべてのメディアも知っている古い情報、既知の情報だと受け取ります**。いわば「鮮度の落ちた情報」というわけです。

　これは意外に重要なポイントです。なぜなら、特に報道色の強いメディアにとっては、まだどこも取り扱っていない一次情報こそが「ほしい情報」だからです。

　実際に私の会社で支援している企業でも、「軽い気持ちでネットでのプレスリリースの一斉配信をしてしまったばかりに、話が進んでいた新聞での情報露出が取りやめになった」という事例に多く接してきました。

　つい先日も、私たちが事前情報のリークをして大手新聞への露出を決めた直後、記者からこう詰問されました。「どこにも出ていない画期的なサービスと聞いたから取材したのに、もうネットメディアに出ているじゃないですか！」と。

「えっ、そんなはずはないんですけど……もしかして……」と慌ててネット検索をすると、確かに大手プレスリリース配信スタンドのリリース掲載ページにその情報が掲載されていました。

　プロの広報PRパーソンは、プレスリリース配信スタンドでのそのような露出を「メディアでの情報露出」とはみなしませんが、メディア関係者には関係ありません。誰でも見られるサイトに情報が出てしまったことは事実なのですから、もうその情報は多くの人が知っている古い情報になってしまったのです。一気にニュースバリューが落ちてしまったため、結果としてその記事掲載の話は流れてしまいました。

　あとで確認すると、「世のなかにこの情報を早く広めたい」という熱い想いを持っていたクライアント企業の開発担当の方が、私たちに事前の相談なくプレスリリース配信スタンドを使ってしまった、ということでした。

報道メディア以外ならば、プレスリリースが配信されていることを気にしない場合も多くありますし、ここまで見てきたように報道色が強いメディアであってもプレスリリースで入手した情報を使うことはよくあります。そのためプレスリリースを配信すると必ずそのようになるわけではないのですが、ときには古い情報だとみなされて露出につながらないケースがあることは、きちんと認識しておくべきでしょう。

リークならばプレスリリースのデメリットを回避できる

すでに少し触れましたが、こうしたプレスリリースのデメリットを回避できる方法として「**リーク**」があります。

リークとは、簡単に言うと「**公式発表やプレスリリースの一斉配信の前に、特定の記者やメディアに情報をあえて漏らすこと**」です。特に大手の新聞メディアに対して有効です。

その性質上、慎重に行うべき手法で、初心者が行うには少し敷居が高く感じるでしょう。しかしある程度の方法さえわかれば、初心者でもやれないことはありません。ぜひ挑戦してみましょう。

企業の広報PR担当者からこうしたリークを受けたメディア関係者は、当然「まだ世間には公表されていない情報」を手にすることになります。

報道色の強いメディアはこうした情報を「特ダネ」として喜び、他のメディアに先駆けて報じることに大きな価値を置いています。**記者には「誰も知らない情報を、いちばん早く世のなかに発信したい」という情熱がある**のです（特に新聞記者にはその傾向が顕著です）。

そのため、リークではそれらのメディアでの情報露出につながる可能性が普通にプレスリリースを送ったときよりもずっと大きくなるのです。

特に新聞の主要5紙や、地上波テレビの報道番組などでは、小さな会社が送ったプレスリリースは情報価値が低いものとみなされて後回しにされてしまうことがよくあります。一方、リークなら記者の心理に合致し、そのようなことになりにくいのでより強い働きかけとなるわけです。

もちろん情報露出までは秘密裏にことが運びます。自社ホームページのSEO効果に悪影響を与えるようなこともありません。前述したようにプレスリリースのデメリットを回避しつつ、高確率での掲載を狙うことが可能なのです。

プレスリリースは"量"を重視して、一度に多くのメディア関係者に知らせたいときに使い、一方でリークは"質"、つまりは情報露出の可能性の高さを重視して、少数のメディア関係者に限定的に情報を知らせたいときに使います。 このような形で目的別に使い分けられるようになれば、プロの広報PRパーソンとしてそれなりの実力が身についてきたとみなせるでしょう。

リークの実施方法

具体的にはどのようにリークを行えばよいか、順を追って解説します。

STEP 1 目当ての媒体での記名記事を探し、リーク先候補者をリスト化する

リークは特定のメディア関係者に対して行います。

それには当然ながら事前に、信頼できて比較的自由にコンタクトがとれるメディア関係者をひとり以上つくっておく必要があります。

そこでまずは目当てのメディアの「記名記事」などを読み、日々リーク先

となる**候補者のリストをつくっていきましょう。**この部分は前章で紹介した
メディアリストをつくる作業と同じです。

　そのようにしてリストを充実させていくと、何人か「質が高いし、取り
扱っている分野的にも我が社に合っている」という記者が見つかります。
そういった記者たちをリストアップし、誰に情報を当てていくか決定する
のがリークに向けての初期プロセスとなります。

STEP 2　記者に接触し記事を書いてもらえるように頼む

　リークしたい記者を特定したら、その記者に電話やメールなどでコンタ
クトをとり、その記者の書いた記事を読んだことを感想などとともに伝え
ます。前章で詳述したメディアキャラバンのノウハウを活用して、上手に
話を聞いてもらえる雰囲気をつくりましょう。

　そのうえで**「実は、まだプレスリリースなどでは発表していない○○とい
う情報があるのですが、ご興味はありませんか？」**などと記事化の意向を聞
き出します。この段階では概要だけで、詳しい情報は教えないように気を
つけてください。

　また冒頭で「発表前の情報がある」と伝えるのもポイントです。スト
レートに「弊社の情報をリークしたいのですが、記事化してもらえますか？」などと聞いてしまってもいいのですが、この場合の「リーク」とい
う言葉には、メディアに対する不祥事の内部告発のようなニュアンスが生
まれることもあるため、直接この言葉を使うのはあまりお勧めしません。
「発表前の情報がある」というだけで、メディア関係者は広報PR的なリー
クなのだと気づきます。

　結果、相手が興味を示してそのまま記事にしてもらえそうであれば、次
のステップに進みます。

　あるいは「いやー、そういう情報はいまはニーズがないですね」などと
言われても、それはそれでかまいません。メディア関係者の感触を聞き出

すヒアリングになるからです。

　記事にしてもらえる確率は、結局はリークする情報の内容次第です。競合の情勢やタイミングなどにも左右されます。そのため百発百中というわけにはいきません。私たちプロの広報PRコンサルタントでも5割程度の成功率ですから、それと同程度の成功率であれば上出来と考えましょう。

　また、そのメディアでの記事化の可能性が低いのであれば、次のメディアにリークすることもできます。

STEP 3　リーク情報を詳しく教える

　相手が興味を示したら、いよいよリークを行います。つまり詳しい情報を教えます。

　そのうえで記事化についてのリクエストなども伝えましょう。確約を得られることはあまりありませんが、リーク情報提供とのバーター取引なので、一定の配慮をしてもらえることが一般的です。

　たとえば発売前の商品についての情報リークでは、企業側が意図するより前に情報がメディアに出てしまうと大きなトラブルにもなりかねません。そのため情報公開日を指定し、「この日以降であれば記事化してもらってかまいません」という形で記事化の日程を企業側がコントロールできる場合もあります。

リークの副次的メリット

　こうしたリークにはいくつか副次的なメリットも存在します。

　たとえばメディア関係者との関係構築が進むことが挙げられます。

　リーク情報はいわば「特ダネ」であるため、記者の心理に合い、実際の掲載につながりやすいことはすでに述べました。

それだけではなく、そうした情報は紙面や放送でもより大きく扱われやすいため、記者本人の社内での評価向上にもつながります。また世のなかに新しい情報を伝えたいという記者の理想の現実化にも寄与するので、そうした情報をほかならぬ自分を選んでリークしてくれた企業の広報PR担当者に対して、記者などのメディア関係者は大いに感謝します。場合によってはその後もよい関係を維持して、さらなるリーク情報の入手につなげようとします。

このようにして、その記者個人との強い関係性をつくりやすいのです。

何かの情報を公開しようとするときに先にメディアヒアリングをする対象にもなるなど、困ったときにお互いに助け合える**貴重なメディア人脈となってくれる**でしょう。

またリークを元にして記事化される場合には、先ほども述べたようにある程度、情報露出の日程をコントロールできます。

これにより**商品やサービスの発表日／発売日に合わせた情報公開を実現できる**ことがあります。

こうしたタイミングのよい情報露出ができると、その効果は絶大です。自社の商品やサービスの認知訴求はもちろん、社内の営業や開発チームを勢いづけることができますし、市場を奪い合う競合に対して大きなアドバンテージをつくり出すことも可能でしょう。

リーク時の注意点

リークを行う際には特有の注意点もありますから紹介しておきます。

注意点1 とにかく嘘はつかない

これはすべての情報提供で同じですが、**どんなに情報露出がほしくても**メ

ディア関係者に嘘をついてはいけません。

リークの場合であれば、「公開前」と言うからには本当に公開前の情報でなければなりません。たとえば前に述べたように、せっかくの情報も悪気なくプレスリリースの配信スタンドで公表してしまったりすれば、嘘を言ってしまっていることになり信頼関係が崩れてしまうでしょう。

「社内でも社長と一部の人間しか知らない情報」など、本当に「まだどこにも出していない情報」だけをリークするようにしてください。

注意点2 一度にリークするのはひとりだけ

これはリークにおける非常に大切なルールです。リークは一度にひとりの記者に対してだけ行うのが大原則です。

このルールを破ってふたり以上の記者に同時にリークをして、もしそれが相手に知られてしまったら、相手の記者の反感を買って二度とあなたの会社の情報を扱ってくれなくなります。記者個人だけでなく、そのメディア全体から同じように扱われる可能性も高いです。

そのようになる理由は、メディア側の立場に立って考えてみればすぐにわかります。他のメディアはまだ知らない特ダネだと思って大きな記事にしたのに、公開当日になってみたらライバルのメディアでも同じ内容の記事が出ていた……なんてことになったら、「あの広報PRの担当者を信頼していたのに！　嘘をついたな！」となるのは当たり前です。その記事の担当記者は社内でも叱責されますから、絶対に許してくれません。

リークは一度にひとりだけ。これはリークを行う際には必ず守らなければならないルールなのです。

では、リークした相手の反応がよくないときにはどうすべきでしょう？それでも別の記者にリークしてはいけないのでしょうか？

そんなことはなく、そういう場合には先に声をかけた記者に「こちらの情

報、発表日／発売日が迫ってきたので、別のメディアの方に当たってもよろしいでしょうか？」などとひと言断ってからであれば、次の記者にリークの声をかけてもかまいません。

　記事化が難航しているなど、なんらかの理由で情報の露出に目処が立っていないのであれば、そのように聞けば先方が「残念ですが、仕方ありません」とか、「紙面の都合がまだつかないのでかまいません」などと答えてくれます。

　そうしたら、次の記者へのリークに移ってもよいという暗黙のルールになっています。

　記事化のための作業に時間がかかることもあるので、勝手に判断せず、必ず記者本人に確認してから次に移るようにしましょう。ふたり目以降の記者には「実は○○さんにも声をかけたんですが、そちらでは記事化の予定はないということでした」などと正直に伝えることも、エチケットとされています。

　まとめると、**ふたり以上の記者に同時に同じ情報をリークしてはいけないルールは存在しますが、記者に優先順位をつけて順番にリークしていってはいけない、というルールは存在しません。**

　そのため、ふたり以上にリークしたいときには次の手順を守るようにしてください。

手順1　ひとり目の記者にリークする

手順2　発表（ローンチ）の２〜３週間前に状況を確認する

手順3　ふたり目の記者に移りたい旨を、ひとり目の記者に確認する

手順4　問題なければ、ふたり目の記者にリークする。このとき、「○○新聞の□さんには伝えましたが」などと報告してからリークする

あとはケースバイケースで対応してください。

注意点 3 嫌われるのを恐れない

リークをするということは、多数いるメディア関係者のなかから特定のひとりを選んで情報提供することと同義です。

そのようなことをすると、選ばれなかったほかのメディア関係者からは嫌われてしまうのではないかと感じる方もいると思いますが、その心配は無用です。

相手もプロですからリークの手法を十分理解しています。自分が選ばれなかったことで気分を害すようなケースはほとんどありませんから、その点は心配せず前向きにリークに取り組んでください。

広報PRの担当者なのであれば、平等にメディアと関わることにこだわるよりも、情報を出すべき主要媒体に優先的に露出することを考えていくべきでしょう。

メディア懇談会で継続的な関係構築を行う

懇談会で自社のことだけを話してはダメ

　広報PRの手法のひとつに「**メディア懇談会**」があります。

　数名の記者やライターを自社のオフィスや会議室にお招きして、情報交換会を行うものです。

　記者会見ほど大規模ではありませんし、費用や準備もそれほど必要ありません。メディア関係者とより親密になれるため、私の会社でもクライアント企業のために頻繁に開催しており、みなさんにもぜひお勧めします。

　また広報PRの担当になると、外部のメディア関係者との懇談会や交流会などに出席する機会も増えるでしょう。

　そうした懇談会や交流会を開催する、または参加することの最終的な目的は、当然ながら「メディア関係者に自社を少しでも覚えてもらうこと」「メディア関係者とのつながりをつくること」です。しかし、そればかりを考えていると大失敗をしてしまう危険性がありますから気をつけるようにしてください。

　たとえば、せっかくの機会だからと自社の商品／サービス、あるいは自社そのものについてガンガン話したくなるかもしれませんが、率直に言ってそれでは、せっかく参加してくれたメディア関係者は興ざめです。

　自社によほど斬新な新商品や新サービスがあるのであれば、何も話さないのも不自然ですから多少は話してもかまいません。しかし実際には、企

業側が「ユニークだ！」「斬新だ！」と思っている商品／サービスでも、ふだんからさまざまな情報に接しているメディア関係者には平凡である可能性すらあるのです。

とにかく**懇談会では自社の商品やサービスのアピールをしすぎるのは避けましょう**。そうした自社本位の考え方ではなく、**メディア関係者のニーズに沿った話をするように気をつけるべき**なのです。

一般にメディア関係者の多くは、業界情報のなかからあなたの会社を取材する手がかりを見つけています。

そのため**メディア懇談会では自社の説明をするのではなく、「業界について知ってもらう」「広く見識を持ち帰ってもらう」というスタンスで話すことがとても大切**です。

自社開催の、あるいは外部のメディア懇談会で話すべき内容を以下にふたつ挙げておきますから、こちらを参考にしてください。

（1）業界のトレンド

まずは「あなたの会社の属す業界の傾向や流行」を話題にすべきでしょう。「トレンドを広く伝える」というのもメディアの役目のひとつですから、こうした情報は一般に喜ばれます。

たとえばあなたの会社が車の中古販売業なのであれば、中古車業界全体でのインターネット販売の動向や、販売数の変化などの情報をメディア関係者にシェアしてあげましょう。実際にその業界で働いているからこそわかる数字の変化などがあるはずで、そうした情報について専門的な見地から解説してあげても喜ばれます。

すべてにおいて言えることですが、この段階では無理に自社の商品／サービスと絡めた話にする必要はありません。とにかく「この会社のメディア懇談会は業界のトレンドに敏感だ」とか、「この人からならよいネ

タが拾えそうだ」などと思ってもらうことが最大の目的です。

　極端なことを言えば「○○社がすごい商品を開発して、業界は大変熱気に包まれています」などと、別の会社の話をしてもまったくかまわないわけです。

(2) ユーザーの意外な反応

> ＊最近展開しているシェアリングサービスは、なぜか特定の年代にはウケが悪い
> ＊男性向けに開発したつもりの商品なのに、女性シェアが3割もある
> ＊メインのサービスの付属的なサービスがSNSで評判になり大人気になった

　こうした「**自社ユーザーからの意外な反応**」をメディア懇談会で写真などの**スライドを使いつつ教えると、その意外感から非常に喜ばれます**。そのままメディアでの情報露出につながることも少なくありません（ただし、それを期待しすぎると押しつけになってしまうので要注意です）。

　もちろん「高級化粧品を開発したら、狙いどおりに中年女性のあいだで人気になりました」などといった平凡な情報は該当しません。

　このふたつのほかにも、とにかく自社情報の押しつけにならないよう工夫しながら情報交換をしてもらえれば、結果としてメディアとの関係性が強化され、継続的な情報露出の確率を高めることになります。**メディア懇談会は急がば回れの広報PR手法なのです**。

忘れてはならないのは礼儀と情熱

さまざまなメディア懇談会に参加していると、ときには無礼な人や常識のない人に出会うこともあります。

しかし、**たとえ相手が失礼な言動をしたとしても、あなただけは礼儀を忘れずに基本的なあいさつ、敬語、御礼のメールや手紙などを徹底**しましょう。広報PRパーソンのなかにも無礼な人はいます。どの業界でも、それはお互い様なのです。

そして情熱も忘れないようにしましょう。

テレビ番組や新聞記事などは、心を持つ人間が書いて、人間が読むものです。そのため「熱意のある人間が発した情報」でないとメディア関係者に正面から受け取ってはもらえないと思ってください。

慣れないうちはメディア関係者と話していてもうまく情報を伝えられないかもしれませんが、情熱さえ忘れなければきちんと伝わりますし、なんとかなります。

そうした情熱的なコミュニケーションの場数を踏んで、経験を積む意味でもメディア懇談会はお勧めの方法なのです。

メールで業界情報を発信し、当てにされる情報源になる

メディア関係者との懇談会では多くの名刺交換をすることになるでしょう。それらの名刺には、通常は彼らの仕事用のメールアドレスも載っています。

広報PRの担当者であれば、**懇談会で集めたこれらのメールアドレスに向けて「業界の最新情報」や「最新プレスリリース」などを定期的に発信して**

いくのもお勧めの手法となります。

　もちろん最初の名刺交換のタイミングで「また情報を提供させてください」などと伝えておくのは忘れないでください。その際に「結構です」と言われたら、即座に名刺に印をつけるなどして送付先から除外するようにします。

　また別業界に対して送信するわけですから、極力、専門用語を使わずにわかりやすく解説することを心がけてください。

　礼儀にも要注意です。解除の依頼があったら、謝罪のうえですみやかに停止するようにしましょう。

　このようにふだんから業界の情報提供をしていると、記者も人間ですからちょっとした恩返しがしたいと感じるものです。

　むやみやたらに媚を売る必要はありませんが、常にクオリティの高い情報を提供するよう意識し、逆に低質な情報は提供を控えるなどしていれば、長期的な記者との関係性の構築につながります。

　一度深い関係性になれば、長くつき合うことも可能です。まずは焦らず、お互いに情報の交換をし合うことを目指していきましょう。

　手に入れた名刺は専用の名刺ファイルや、前述したメディアリストに整理して保管するなどして、徐々に関係性を深めていくことで広報PR業務に役立つ人脈形成が行えます。

掲載された情報が間違っていたときの対処法

露出した情報は必ずチェックする

　メディアも人間の仕事ですから、**新聞記事やテレビ番組で「実際とは異なる情報」を流されてしまう可能性は常にあります。**

　まずは**情報露出の成功に舞い上がらず、実際の記事や放送をしっかりとチェックしましょう。**このステップを怠って細かなミスを見逃し、あとから別部署の関係者などに指摘される広報PR担当者が結構います。恥ずかしい思いをするので、そうならないようにしましょう。

　このとき、もっとも頻発するミスとしては数字関係のミスがあります。これは単純な伝達ミスによるものが多いです。

　また数は少ないのですが「発言内容の捻じ曲げや切り取り型のミス」もあります。

　たとえば実際には「Aを大事にする必要はないと語っている人がたくさんいますが、私はそうは思いません」と言っているのに、その発言の一部だけを切り取られて、「Aを大事にする必要はない」という発言をしたとしてニュースで使われる場合があります。ときには言ったことと正反対の内容で伝えられることすらあります。

　こうした事例は政治家の発言などでよく見られます。ミスと言うよりは、

メディアによる意図的なマッチポンプのようなものです。一般のニュースリリースに対して、ここまで露骨な捻じ曲げや切り取りをされることはまずありません。

ただここまでではなくても、自社関連の記事・ニュースをチェックしていて「本当に言いたかったこととは、微妙に違うな……」と感じることは少なくありません。

このほか意外によく起こるケースとして、「言ってはいけないことを、思わず言ってしまって報道されてしまうパターン」があります。

たとえばA社は発表してよいと思った内容を、協業するB社は早すぎる、あるいはその意図でなかったとあとから打ち消したりする場合です。

事前のリリース内容や取材対応の確認を、関係者全員で行うことを怠った場合に起こります。

これもメディア側のミスと言うよりは自分たちの側の不手際です。ただ意図していなかった情報が記事化されてしまった、という意味では同じでしょう。

メディア掲載に間違いがあっても まずは冷静に対応する

このようにメディア側の掲載ミスなどのせいで会社や自社商品／サービスの印象が悪くなることもあります。取引相手や協業先に迷惑がかかることもあるでしょう。

そのため、こういうときには企業側はすぐに抗議をすべきだと感じるかもしれませんが、**広報PRの担当者はまず冷静になって、「自分たちにもミスがあったのでは？」と考えてみる**ことをお勧めします。

それでも自分たちに落ち度が見つからなかった場合にのみ、メディアに

対する「訂正依頼」を行いましょう。そのうえで、必要に応じて「世間や消費者に対する声明の発表」を行います。

　メディア側は単純な数字のミスや誤記などなら訂正依頼にすぐに対応してくれることもあります。

　ただし**内容の受け取り方の違いなどに対しては、メディア側が情報の訂正に応じることはほとんどない**と理解しておきましょう。

　自社に完全に理があるときには、弁護士などを入れて強硬に主張することで訂正記事の掲載を強制できることもありますが、この場合にはそれまで築いてきた該当メディアとの関係性は完全に崩壊します。メリットとデメリットを天秤にかけて、該当メディアに対してどのような対応をするのか慎重に決定することになります。

　同時に世間や消費者に対しては自社の主張や訂正情報をリリースの形で発表し、ウェブサイトのトップページなどにしばらく掲載する形で対応します。

最初から「間違い記事」を書かれないように対応する

　実際のところ、中立を謳うメディアがリスクを負って一方的に情報を捻じ曲げることはほとんどありません。仮に誤った情報が露出してしまったときでも、「完全にメディアだけが悪い」というケースはまれです。

　取材時などに担当者や経営者などが曖昧な説明をした、あるいはどうとでも受け取れるような話し方をしたことで、露出内容にずれが生じるケースが多いのです。

　広報PRの担当者は自社の情報発信に関して責任を負う存在です。最初から間違った記事を書かれないような対応をすることを常に心がけてくだ

さい。

　＊ここを撮影してほしい／しないでほしい
　＊こういう言い方にしてほしい／しないでほしい
　＊こういう表現は絶対に避けてください
　＊この部分を取り上げてください／この部分は取り上げないでください

　メディアと取材される企業の立場は対等なのですから、必要以上の遠慮はせず、取材などの際にこれらの主張を毅然と行うことも広報PRの仕事です。
　同じようにメディア側から「ああしたい、こうしたい」と要望が出たときにも、自社に不利益が生じることには安易に折れず、粘り強く話し合うようにしてください。
　「メディアときちんと交渉できない広報PR担当者は、まだまだ一流ではない」のです。

炎上から会社を守るため
何が炎上するかを知っておく

炎上は事後対応より事前対応

　大企業など広報PRをしなくても自然とメディアに注目してもらえる場合を除き、基本的には広報PRは「攻めの姿勢」で活動すべきです。

　ただしインターネット上のいわゆる「**炎上**」については、慎重に対応することが必要です。以下のような性質があるからです。

　　＊謝るべき対象がはっきりしないことが多い

　　＊謝っても、憤っている人すべてが納得することはない

　　＊SNSを活用して不特定多数に拡散される

　こうした炎上を引き起こさないためには、広報PR担当者があなたの業界で何をしたら炎上するのかを事前に理解しておくことが大切です。

　そうした理解がないと、マニュアル化したりセミナーや本で勉強したりしても、炎上を防ぐのはなかなか難しいでしょう。**炎上予防は事後対応より事前対応が大切**なのです。

　たとえば「男女差別」というテーマひとつとっても、男女の考え方や感じ方の違いがわからないと炎上を防ぐことはできません。

　企業の発信した情報が炎上する場合、その企業には罪の意識がないことがほとんどです。会社にとってよかれと思ってやったことが社会的にはNG

というケースが炎上では非常に多いわけです。

　炎上を未然に防ぐには、当事者となる相手の気持ちを理解することが大事ですから、どのようなテーマが炎上しやすいのか最近の流れを理解しておくことが求められます。

　以下、事例をいくつか紹介しますが、ここ数年は特に男女差別やセクハラ、モラハラなど社会の多様性について旧来のステレオタイプな考え方を自社の情報発信で打ち出してしまうと、大炎上することが多いです。この点も十分に意識しておきましょう。

実際に起こった炎上事例

(1) 某タイツメーカー

　ストッキングやタイツのメーカーであるA社が実施したTwitterでの公式キャンペーンが炎上しました。ユーザー参加型のキャンペーンで公開されたいくつかの女性のイラストに性的描写が含まれており、それを公式アカウントで好意的にリツイートしてしまったのが炎上した理由です。

　同社は謝罪するとともに、問題のキャンペーンに関するすべての投稿を削除しました。

(2) Rちゃん人形の公式アカウント

　有名な「Rちゃん人形」を製造・販売するT社では、公式SNSのアカウントにおいて該当の人形のキャラクター設定などについて情報発信を続けていましたが、あるとき「とある筋から入手した、女の子の個人情報を暴露しちゃいます」という形で情報発信したところ炎上しました。

　発信の内容が、商品のメインターゲットとなる女児を性的に見ている、犯罪をイメージさせるなどの理由で批判を受けました。

T社はすぐに発信を削除して謝罪しています。

(3) 某地方観光PR動画

某女性タレントが出演する観光PR動画が、性的な内容と感じられるという理由で炎上しました。

(4) 某ユーチューバー

人気ユーチューバーのTさんがバストアップ効果のあるとされる商品をプロデュースし、それにより豊胸が実現したことを公開動画で強調していたところ、過去に豊胸手術を受けていた事実が判明し炎上しました。

Tさんは謝罪の動画を公開しましたが、それが「燃料」となってしまい、さらなる炎上に発展。収束が長期化してしまいました。

(1) 〜(3) の事例でわかるように、**近年では「性的である」という理由で炎上するケースが非常に多くなっています。**企業の情報発信では性的表現は基本的に避けるべきだと言えるでしょう。

また最後の事例のように自作自演やステルスマーケティング、嘘の匂いが感じられる情報発信も炎上を招きやすいので要注意です。

公開前に女性からの意見を聞く

このほか近年では「女性軽視である」「扱い方が差別的だ」と言われて炎上する事例も多くなっています。そのため**なんらかのコンテンツを作成した場合には、公開する前に必ず女性からの感想ももらうようにすると炎上防止になります。**意見を聞くのは職場の女性でもかまいませんし、ご家族や知人でもOKです。

余談ですが、時代劇ではひと昔前まで「肌の露出が多い女優の入浴シー

ン」がよくありました。しかし近年ではそういった定番シーンの放映も難しくなっています。ドラえもんのしずかちゃんの入浴シーンも、放映されるたびにSNSでは炎上寸前になっていて、今後はあまり放映されなくなるでしょう。こうした時代の変化を敏感に感じ取ることも、広報PR担当者の大切な役割となります。

炎上するとSNSの過去ツイートも見られる

　このほか企業のSNS公式アカウントでは日頃から丁寧な情報発信を心がけ、フォロワーからの質問などにも常に誠実に対応することを心がけましょう。

　万一、何かの情報が炎上すると、興味本位でSNSの過去の更新履歴を見にくる人が非常に多いからです。そのとき日頃からきちんと読者コメントに対応したり、誠実な記事をアップしていたりすると、「意外とちゃんと対応しているな。いま炎上しているのは、もしかしたら煽っている側に問題があるのかもしれない」などと思ってもらえる確率が上がります。日常の更新にこそ人格は滲み出るからです。

　ただ、やはり肝心なのは「そもそも炎上しないよう気をつけること」であるのは言うまでもありません。

炎上後にとるべき対応

　残念ながら炎上してしまったときには、どのように対応すればいいでしょうか？　炎上はすべてがケースバイケースで完璧な対応法などはないのですが、以下3つのアドバイスを示しておきます。

(1) 謝罪するなら言い訳はしない

炎上が発生して「謝罪する」と決めたのであれば、あれこれ言い訳はせずに謝罪してください。

* 本当はこういう意味があり……
* このような捉え方をされるのは意外でしたが……

こうした言い訳をすると、せっかく謝罪したのにさらなる炎上につながりかねません。**謝るならストレートに謝罪し、余計なことは言わないように気をつけます。**

(2) 謝罪会見前には入念なシミュレーションを行う

謝罪会見を行う場合は、事前に危機管理のプロを入れて入念な対応策を練るようにしてください。たとえば私の会社では、不測の事態には元テレビキャスターを中心とした危機管理の専門チームが対応しています。

謝罪するにしても「なぜ炎上したのか」をきちんと分析しないと、謝罪内容が的外れなものになる恐れもあります。事前の分析をしっかり行うことが必須です。

(3) 法的措置に出る

炎上の時期やケースにもよりますが、明らかに自社に非がなく、著しく不名誉な扱いを受けているのであれば「名誉毀損罪などに該当する」などとコメントして、法的措置に出る可能性を示唆します。

そのうえで経営陣や顧問弁護士などとも相談し、実際に法的措置を発動するかどうかを検討してください。

事前に炎上時の危機対応マニュアルを整備しておくのもお勧めです。

活動結果を正しく評価できる基準をつくる

自社の事情に合わせてアレンジしてもOK

第1章でも触れましたが、広報PRの活動評価は担当者によって見解が分かれやすいところです。

しかしきちんと評価ができなければ、自社の広報PR担当者に正しく報いることができません。

残念ながら「これが正解！」という絶対の基準はないのですが、参考として、カテゴリー別に代表的な評価基準をいくつか紹介しておきます。

これらを自社の事情に合わせてアレンジし、広報PR活動を評価するための基準をつくるようにすると、目標が明確になって現場の担当者もより働きやすくなるでしょう。経営層にとっては人事評価がしやすくなるというメリットもあります。

情報クリエイティブ力

1：プレスリリース、ファクトブックなどの作成方法を理解しているか

意外な部分で「抜け漏れ」がある広報PR担当者は少なくありません。

2：「メディア・トレンド」をわかっているか

「メディアが興味を持たないこと」ばかりPRしていても意味がありません。

３：広く情報を集めているか

　単なる「情報収集」ではなく、「さまざまな角度からの情報の収集と分析」ができているかを評価します。

４：情報コンテンツをゼロから生み出せるか

　ゼロ→１ができる広報PR担当者は、プランナーとして重宝されます。

５：「ストーリー変更力」があるか

「PRストーリー」のシナリオプランニングをする"演出家目線"を忘れないでください。

６：斬新な企画をつくる気概があるか

　発信する情報で世間をアッと驚かせましょう。

メディアとのつながり

７：その人だけのメディアネットワークがあるか

「上司からの借りもの」ではなく、担当者独自のメディアネットワークがあるかどうかを評価します。

８：メディアネットワークに「抜け」がないか

「新聞には強いけれど、雑誌は弱い」「テレビにだけ強い」などの抜け漏れがあるかどうかを評価します。

９：どんどん記者とつながろうとしているか

　基本的に「面識のある記者」の数は多ければ多いほど広報PR業務に役立ちます。

10：記者に頼られる存在であるか

　記者とは対等な立場です。「ネタはないでしょうか?」などと頼られているかどうかを評価します。

11：記者との接触回数を多くする工夫をしているか

「メディア懇談会を開催する」「記者交流会に参加する」など、いまあるメディアネットワークだけで満足しないようにしましょう。

露出成果

12：メディア露出回数は増えているか

「質」ばかり追求して「数」を軽視しすぎるのはよくありません。

13：露出メディアの影響力はどうか

　ここで言う影響力とは、「媒体の質」「大きさ／尺」「掲載された文脈」などのことです。

14：媒体のターゲット層はどうか

　たとえば「主婦向けの商品」なら、「主婦が多く読む媒体」で露出できたかどうかを評価します。たとえテレビであってもターゲットが合致しないと大きな影響はありません。

15：戦略と広報PR活動のベクトルが合っているか

　事前に定めた戦略の目的・目標にマッチした活動をできていますか。

他人の役に立っているか

16：自社の数値を伸ばしたか

　売上や問い合わせなどの数字を伸ばせたかどうかを評価します。

17：メディア関係者の役に立ったか

　メディア露出につながらなくとも、「ネタ提供」などで具体的に役に立っていれば「次」につながります。

社内広報関連

18：自社情報の把握度

　社内の情報に精通していないと内容が偏るかもしれません。

19：「社長のスピーカー」になれているか

「社長の気持ちを拡散すること」は広報の重要な役割のひとつです。

20：現場の理解度

　現場の活動・出来事をリアルタイムに把握できているかどうかを評価します。

21：社長からの信頼度

　社長に信頼されていないと、広報の仕事は成り立ちません。

22：他部署とコミュニケーションがとれているか

　事例を元に情報開発したり、現場の声を吸い上げたりするには、他部署とのコミュニケーションが欠かせません。

23：他部署の社員が広報の役目・価値を理解しているか

　メディア露出を勝ち取ったら、社内にその成果をアピールすることもお忘れなく。

質の高い人材採用のために 「採用広報」を実施する

　ひと昔前まで、「採用活動」と言えば人事部だけが行う仕事でした。しかし近年では、人事部と広報PRの担当者が協力して採用活動をする、あるいは広報PR部門が採用戦略そのものを担当する、といった企業が増えてきています。

　そのようにしてより質の高い人材採用を行うための広報PR活動を、特に「採用広報」と呼んでいます。

採用広報が盛んになっている理由

　採用広報が行われるようになってきた理由は、主に次のふたつです。

（1）単純に新卒者が少ない

　最近では少子高齢化もあってか、いわゆる「新卒」と呼ばれる人がかなり少なくなってきました。そのため企業側としても他社と競争をしなければ、質の高い人材を獲得できなくなっています。

　「学生を待ち受けていれば、向こうからやって来る」という時代ではもはやないのです。むしろ「企業が学生を選ぶ」のではなく、「学生が企業を選ぶ」という流れが生まれてきています。

　これは景気の善し悪しという短期スパンの話ではなく、少子高齢化という超長期スパンの社会変化を受けた現象ですから、今後も長期間にわたってそのような状況が続くと予想されています。

有名な大手企業や、知名度の高い経営者がいる企業であれば、こうした状況でもそこまで採用にコストをかける必要はないのかもしれません。しかしごく普通の中小企業などでは、いずれ新卒者に見向きもされなくなる時代が近づいているのです。

そのような状況下でも安定的に新卒者を引き寄せるために、広報PRで自社の魅力をより積極的に打ち出していく必要が生じ、採用広報のニーズがますます高まっているわけです。

(2) 直接採用を行う機会が増えた

企業側が採用活動のために使うツールとしては、これまでは「リクナビ」や「マイナビ」のような就活／採用支援サイトが中心でした。これらは、いわば企業と求職者の「仲介サイト」です。

ところが近年では、こうした「仲介」採用ではなく「直接」採用を行う会社が増えています。しかもそれによって質の高い人材採用を実現できているのです。

もっともオーソドックスなのは、「自社サイトに応募フォームをつくる」施策でしょう。また経営者や人事担当者がSNSを使って採用活動を行う企業も増えてきました。

こうした**直接採用では、その求人情報をターゲット層の人たちに広く知ってもらうための広報PR活動が必要**です。「とりあえずリクナビやマイナビに求人情報を流しておけばいい」という時代ではなくなったのです。

そしてそのような形での広報PRを行うならば、広報PR担当者がより早い段階から介入すべきということで、採用広報が盛んになったのです。

採用広報で広報PR担当者に期待されていること

　では、広報PR担当は採用広報において何をすればよいのでしょうか？もちろん以下のような基礎的な広報PR業務はしっかり行うことを求められますが、それだけでは採用広報を行ったことにはなりません。

　　＊自社サイトに採用関連の記事をアップする
　　＊経営者インタビューを動画にする
　　＊SNSで採用関連の投稿をする　など

　採用広報において広報PRの担当者には「企業の魅力や理念を発信する」ことこそが求められます。
「こんなことができる人材がほしい」「こんなマインドを持った人材がほしい」といった理想像や、「我が社ならこんな成長が望める」「社会に貢献できる仕事がある」といった求職者へのメッセージを文脈化して、世のなかに広く、かつ明確に伝えることが求められているのです。

　優秀な広報PR担当者であれば、日頃から自社の経営者とは頻繁なコミュニケーションをとっているはずです。したがって「自社の魅力」や「自社がほしい人材」について、経営者本人から聞き出すのは決して難しいことではありません。
　経営方針などと絡めて相談しつつ、どういった人材を求めるべきなのかがはっきりとわかったら、場合によっては人事部へその内容を伝えて共有します。そしてターゲットとなる求職者が理解しやすい形で言語化し、広報PRで思い切り拡散させていきましょう。

採用広報の参考になるサービスやアイデア

採用広報を行う際に役立つサイトや参考事例、私のアイデアなどをいくつか紹介しておきます。

麻雀面接／焼き肉採用など

日本の採用の実態は「演技合戦」です。企業側も求職者も、建て前のコミュニケーションをいかにうまくこなすかが面接などで大きな影響を与えます。

しかしこれでは求職者の本音を聞き出すことは難しいため、よりスムーズに本音を聞き出すための取り組みを考えてみましょう。さらにそれをネタに広報PR施策を行い、マスコミ取材を取りつける方法があります。

実際に企業側と求職者が麻雀を行い、そのプレイスタイルを評価したり、競技中の会話で本音を引き出したりする「麻雀採用」を行っている企業があります。その企業ではこの麻雀採用をPRのネタにして、テレビの取材を立て続けに取りつけました。

同様の発想で「焼き肉採用」「バーベキュー採用」「釣り採用」などがあれば、メディアの取材を獲得するのは容易だと思います。

内定辞退ボーナス

「ザッポス」という靴の通販小売をメインとする米国企業が、最初に実施したと言われている取り組みです。

仕組みは単純で、「当社の内定を辞退した人にはボーナスを出します」というもの。この取り組みによって「お金のためだけに働く人」を弾く狙いがあるそうです。同時に「経済的に困っている求職者の就職活動のサポートをする」意味合いもあるとのこと。

かなり太っ腹な企画ですが、この取り組みをPRネタにして多くのメディ

ア取材を実現しているので、ザッポス社の企業理念が世間に広く浸透するにはひと役買っています。採用希望者も殺到しているそうです。

　このように**自由な発想で採用自体を自社のPRネタにできれば**、結果としてよりよい人材の確保にもつながるでしょう。

情報露出に成功したあとも その事実を活用する

最大限に営業活動に活かせ

最後に、広報PRの活動によって勝ち取った情報露出を、さらに活用するための方法をいくつか紹介しましょう。

基本的な方法として、**メディアに取り上げられた事実自体をPRネタとして再度、営業の現場で利用する方法**があります。

商用利用については著作権の問題をクリアにする必要があることをよく理解したうえで、セールストークで「こういうふうに○○に出ましたよ」と口頭説明したり、二次利用の権利を購入したうえで新聞記事をプレゼンテーションで活用したりするのです。「当社には信頼がある」「メディアにも取材されている企業である」ということを、効率的に顧客にアピールできます。

実際にそうした工夫で売上を継続的に上げている企業は、私の会社の支援先でも非常に多くあります。

これは店舗でも同じです。

旅行先では「○○のテレビで紹介されました！」というのぼりが立っている土産店や飲食店をついつい選んでしまいませんか？

しかし冷静に考えてみると、そのお店がいつ、どのぐらいの尺でテレビ

に紹介されたのかは誰もわからないわけです。もしかしたら他の類似商品と一緒に、数秒間だけ画面に映った程度かもしれません。しかしそこに疑問を持つ人はあまりいませんから、店舗においてはちょっとしたメディア露出でも大きな効果があります。

　しかもその店舗が仮に全国に30店舗あるとすれば、それらの全国の店舗で5年くらいは営業強化の施策として使うことができますから、非常にコストパフォーマンスがよく、かつ強力な販売促進策と言えるのです。

　このように**広報PRで手に入れた武器は、資産としてどんどん使っていく視点を持つ**ようにしましょう。特にまだ信頼が少ない中小企業の営業現場は大変です。私も20年近く実業家として会社を経営してきましたから、その苦労を嫌と言うほど味わってきました。

　ベンチャー企業や、発売間もない新商品などは、門前払いされたり「なんだか知らない会社だな」と警戒されたりするのが「普通」です。なかなか最初の一歩を踏み込んでもらえません。

　広報PRでの成果は、その最初の一歩を踏み出すきっかけとして大いに役立ちます。ぜひ最大限に活用していきましょう。

自社サイトでファン化・顧客化する

　大手のメディアでの情報露出に成功すると、往々にして自社サイトに大量の訪問者がやって来ます。

　そのとき、テンプレートのような無機質なホームページになっていると訪問者はすぐに興味を失い、また別のサイトへと去ってしまいます。スムーズにネット購入につながる仕組が用意できていないと、この場合もすぐに購入をあきらめて去ってしまいます。

　そのため**広報PRの施策に注力し始めたら、自社サイトについてもしっか**

りとつくり込むようにしましょう。自社の沿革や社長の人柄、商品／サービスの詳細や利用者の声など、情報露出で興味を持った人がファンや顧客になってくれるようなホームページを準備しておいてください。

ネット購入のシステムについても、外部サービスを利用しながらしっかりとしたものを用意しておきます。

特に「会社情報」のページは意外によく見られますから、情報を充実させておくことが肝要です。

自社サイトや会社情報を魅力的なページにするポイントをいくつか挙げておきましょう。

* 沿革を載せるときは年号だけを書くのではなく、そこに至った経緯や想いも書く
* なぜ自社のサービス、商品があるかの情熱（パッション）や使命感を伝える
* 受賞したアワードや賞などはどんどん見せる
* 苦労話もストーリーが伝われば掲載してよい
* 社長や社員の顔写真やプロフィール情報を掲載したほうが、体温まで一緒に伝わる　など

こうした工夫でより魅力的な自社サイトを用意しておき、情報露出の効果を最大化するわけです。

プレスリリースで興味を持ったメディアが取材を検討するときにも、その企業のウェブサイトを必ずチェックしますから、こうした工夫は取材獲得のための一助にもなります。

テレビの撮影風景をSNSで紹介する

　特にテレビでの取材を獲得したときには、その撮影風景を撮影する許可をとって、SNSなどで臨場感あふれる形で情報露出のお知らせをすると非常に**効果的**です。

　ただしテレビは事前アナウンスを極端に嫌いますから、実際に放送されるまでは絶対に情報を流してはいけません。

　取材獲得の嬉しさのあまり、SNS上で「明日、この番組で放送されます！」などと情報を流してしまう方が多く、その気持ちも痛いほどよくわかるのですが、ギリギリまで本当に放映されるかどうかはわからないので（大きなニュースが入れば緊急特番に変わってしまいます）、**告知は必ず放送後まで待つようにしましょう。**

　最近ではテレビ局側からも「SNSなどでの事前告知をしないでください」と念を押されるようになっています。

　ほかにもやってしまいがちなミスとして、取材されたテレビ番組の動画やキャプチャ画像をそのままSNSやYouTubeなどで流すことがあります。

　これは完全に著作権法に違反する行為ですから、たとえその映像に映っているのが自分であっても、テレビ局側の正式な許可なくネット上に公開するのはNGです。

　実際にはこれらの許可は出ないことが多いので、テレビで取材されている自社の様子を、関係者に許可をもらいながらテレビディレクターやカメラマン越しに後ろから撮り、これらの画像や動画をSNSにアップする方法が代わりによくとられています。この方法であれば比較的テレビ局側のOKも出やすいのです。

「いま当社の代表が撮影されています」「ちょうどオフィスでの撮影が始まりました」などと、あくまで事後報告ではありますが臨場感あふれる形

でSNSやホームページ上で紹介すれば大きな反響を期待できるでしょう。

　また、このときにインタビューアーやレポーターが芸能人などのタレントさんだった場合には、勝手な映像利用は肖像権の関係でこれまたNGとなります。

　そのため**テレビ局側が用意したインタビューアーやレポーターの顔は原則としてまったく映らないようにして、自社の社員やスタッフの背中越しに動画や写真を撮影する**ほうがよいでしょう。もし芸能事務所などから何か言われたら、素直にウェブサイトから取り下げることも必要です。

　現場で必ず許可をとることを前提としたうえで、上手に撮影風景を役立ててください。

【著者紹介】

上岡　正明（かみおか・まさあき）

株式会社フロンティアコンサルティング　代表取締役
放送作家・脚本家
MBA（情報工学博士前期課程）修了
多摩大学　客員講師（18,19）
一般社団法人日本認知脳科学協会　理事

これまで上場企業や外資系企業を中心に 1000 社以上の広報 PR 支援、新規事業構築、外資系企業の国内外 PR や海外プロモーションのコンサルティング、スウェーデン大使館やドバイ政府観光局などの国際観光誘致イベントなどを行う。代表的なコンサルティング案件としては、日本中の女性たちの心を動かした「パンケーキブーム」、1 年で 200 万台以上を売り上げた「ふとん専用掃除機」、世界が注目する「食フェス」などがある。また、経営のかたわら大学院にて MBA（情報工学博士前期課程）修了。学会で論文等を発表するかたわら、大学での客員講師を歴任。同時に、日本テレビドラマ「ストーリーランド」をはじめとする脚本家、バラエティー番組の放送作家としても知られ、これまで「笑っていいとも」「めざましテレビ」「スーパー J チャンネル」「ズームイン！」等の人気情報番組を担当。上梓したビジネス書は計 11 冊、中国、台湾でも翻訳本が出版されて累計 55 万部となる。その他、日経ヴェリタス、週刊ダイヤモンド、東洋経済オンライン、テレビなどで取材され、約 6 万人のチャンネル登録者を誇る人気ユーチューバーでもある。
所属学会：日本認知脳科学協会・日本行動心理学学会・日本社会心理学学会・日本心理行動分析学会・日本神経心理学学会・日本小児心身医学会

| 上岡正明の公式 YouTube チャンネル（登録者約 6 万人）
　　　　　　https://www.youtube.com/channel/UC0gvn7xAe2wHtFZYPqsf6bA
| 公式ホームページ　https://frontier-pr.jp/

現場のプロが教える 即戦力をつくる広報 PR の教科書

2021 年 1 月 24 日　第 1 刷発行

著　者 —— 上岡 正明
発行者 —— 徳留 慶太郎
発行所 —— 株式会社すばる舎
　　　　　〒 170-0013 東京都豊島区東池袋 3-9-7 東池袋織本ビル
　　　　　TEL　03-3981-8651（代表）03-3981-0767（営業部直通）
　　　　　FAX　03-3981-8638
　　　　　URL　http://www.subarusya.jp/
　　　　　振替　00140-7-116563
印　刷 —— 株式会社光邦

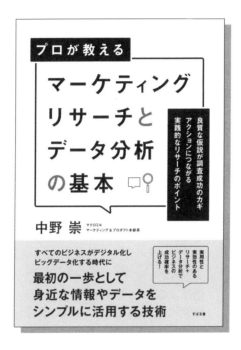

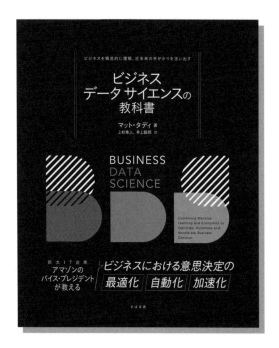